地理诗学的思想之旅

RETURNING
TO
THE EARTH

An Intellectual Journey
Through Geopoetics

重返大地

黄旭 ◎ 著

广西师范大学出版社
·桂林·

重返大地：地理诗学的思想之旅
CHONGFAN DADI : DILI SHIXUE DE SIXIANG ZHI LÜ

图书在版编目（CIP）数据

重返大地：地理诗学的思想之旅 / 黄旭著. --桂林：广西师范大学出版社，2024.12. -- ISBN 978-7-5598-7517-4

Ⅰ. K901；I052

中国国家版本馆 CIP 数据核字第 2024PC0127 号

广西师范大学出版社出版发行

（广西桂林市五里店路 9 号　邮政编码：541004

　网址：http://www.bbtpress.com）

出版人：黄轩庄

全国新华书店经销

广西广大印务有限责任公司印刷

（桂林市临桂区秧塘工业园西城大道北侧广西师范大学出版社集团有限公司创意产业园内　邮政编码：541199）

开本：720 mm × 1 010 mm　1/16

印张：11.5　　字数：232 千

2024 年 12 月第 1 版　　2024 年 12 月第 1 次印刷

定价：98.00 元

如发现印装质量问题，影响阅读，请与出版社发行部门联系调换。

"所有的思考和渴望都是为了让世界更接近自己。"

——van den Berg J H(1975)
The Changing Nature of Man

前　言

地理诗学是一位穿越大地的旅者。它将眼光投向整个地球，将其视为一个有机、动态、多样而统一的系统。这并非对某个特定国家、地区或文化的崇拜，而是一种对地球的完整认知，一次与自然、文化、社会、心灵相互关联的心灵之旅。在这个广袤的知识天地中，有一位名为肯尼斯·怀特（Kenneth White）的向导与地理学的交汇点显得关系格外密切。在欧洲，他在苏格兰、法国及其他国家的漂泊与写作，以及与兰波、梵高、尼采、荷尔德林、海德格尔等伟大思想家的关联像交织的河流，为他灌溉着对自然、艺术、生命和思想的敏感且深刻的理解。这并非他对这些人单纯的崇拜，而是包含了他对这些人局限性和矛盾性的深刻洞察。穿越美洲，他游历于美国和加拿大，与爱默生、惠特曼、梭罗等文学先贤相呼应。他从文化的碰撞中习得了宝贵的价值观与实践方式，同时也敏锐地指出了其中的不足与困境。而在亚洲的印度、中国和日本，他的探索更是一场超越传统和教条的心灵之旅。从庄子、龙树、李白到松尾芭蕉，他汲取了对宇宙、自然、空性和禅境的宏观与微观的视角和体验。在这个过程中，他不仅超越了传统，还超越了自身的认知范围，获得了一种更为包容的智慧。地理诗学的精髓在于对诗的执着与发掘。这不仅仅是对传统诗歌形式的热爱，更是对广义的诗意的认同。

在地理诗学的世界里，诗意并不局限于传统的诗歌，它融入了散文、小说等各类文学体裁和哲学、科学等各种思想，这种将地理知识和诗意交融的写作方式，催生了一种又一种新的文学类型。地理诗学旨在创造一种开放、流动、多元而整体的世界观，描绘对地球的感知与认识。这并非仅限于对自然景观的描绘，更包含对自我和历史的深刻反思，是一种对存在意义的细致探索。让我们跟随它，行走在广袤的知识草原，感受地球的脉动，领略文化的多彩，思考自我在无边宇宙中的定位。

书籍是一片岩石，需要作者时刻孕育灵感，需要长时间的忍耐，也需要他人无尽的支持。这本书在一个短暂的时刻涌现出最初的火花，却需要两个月的时间，叮叮当当的灵感和顽强的工作，才呈现出完美的结局。这一切要感谢大地的善意支持和山脉的热情邀约，使得灵感如寒暖气团般在创作的海洋中交汇碰撞，呈现出最终的文学风景。

这本书的观点源于与人类群星的会面。诗学是关系和存在问题不断发展的故事。在这个交汇的河流里，特别感谢这些引导我思考的群星，为我打开了一扇通向真正意义上的诗学之门。诗歌在山脉间的气象变化，陪伴我在这趟文字之旅中一同探寻新的生命的文化和本体。

南京师范大学的学生深度参与其中，帮助我瞥见新视野的闪光点。他们的快乐互助像一片沃土，坚定了我的写作信念。在这个创作的时节里，他们像四季更替般为我提供了源源不断的能量，使这部作品茁壮成长。

每当想要敲开那扇诗歌之门，我都渴望手捧礼物致以敬意。门是一个地方，是画家开始在画布上涂抹颜料的地方，是诗人调好琴弦开始歌唱的地方。在那里我听到了呼唤，并被感动，作为对被诗歌召唤的回应。我们都知道，一个友好的微笑可以照亮我们的一天，回想起一张亲切的脸、一段动人的乐章或一行诗句都可以奇迹般地改变我们对世界的看法。

每天树叶展开，花蕾绽放，是气象的轮回现象。在这个充满感知的生态系统中，自我通过他者的绽放而产生，他者通过自我的充实而产生，形成了一幅奉献圈的画卷。在探索作为生命的感觉中，我们共同品尝了诗意的奥秘，体验到了树叶是如何展开的，花蕾是如何绽放的，爱的过程。

目　录

第一辑　绪　论

第1章　地理诗学的源起 ·· 3
1.1 地理与文学的相遇 ·· 3
1.1.1 地理的文学 ·· 3
1.1.2 文学的地理 ·· 4
1.2 地理诗学在征途 ·· 7
1.2.1 地理诗学一路走来 ·· 7
1.2.2 地理诗学的邀请 ·· 8
参考文献 ·· 9

第二辑　西方地理诗学的理论与实践

第2章　加斯东·巴什拉的空间诗学 ·· 15
2.1 诗意的科学哲学 ·· 15
2.1.1 加斯东·巴什拉的生平 ·· 15
2.1.2 科学哲学与诗学的相遇 ·· 17
2.2 巴什拉诗学理论的思想源泉 ·· 17
2.2.1 现象学对巴什拉的影响 ·· 17

2.2.2 精神分析对巴什拉的影响 ································ 18
2.3 《空间的诗学》的再诠释 ································ 19
2.3.1 《空间的诗学》的主要内容 ······················ 19
2.3.2 家、房子与宇宙 ··································· 21
2.3.3 巢、贝壳与圆 ··································· 22
2.3.4 隐藏的角落与内心空间 ···························· 24
2.4 巴什拉空间诗学的理论架构 ································ 25
2.4.1 巴什拉的诗意本体论 ································ 25
2.4.2 巴什拉与海德格尔对空间的不同解读 ·············· 27
2.4.3 巴什拉与亨利·柏格森对时间的不同理解 ·········· 28
2.4.4 巴什拉与诠释学 ··································· 29
参考文献 ·· 30

第3章 肯尼斯·怀特的世界-地理诗学 ······················ 32
3.1 大西洋边缘的诗性：大西洋的感召 ······················ 32
3.1.1 肯尼斯·怀特的生平 ································ 32
3.1.2 地理诗学的诞生 ··································· 33
3.1.3 国际地理诗学研究所 ································ 35
3.2 怀特的地理诗学理论 ······································ 36
3.2.1 地理诗学的哲学基础 ································ 36
3.2.2 地理诗学的理论要素 ································ 38
3.2.3 地理诗学的主要方法 ································ 40
3.2.4 地理诗学的主要观点 ································ 40
3.3 世界-地理诗学与哲学拓扑/地形学的交汇 ·············· 42
3.3.1 基本领域：思想、诗学、世界 ······················ 42
3.3.2 怀特对马尔帕斯的哲学拓扑/地形学的评论 ········ 43
3.3.3 马尔帕斯对怀特的世界-地理诗学的评论 ·········· 45
参考文献 ·· 46

第4章 蒂姆·克雷斯维尔的拓扑诗学 ······················ 47
4.1 从地理学者到诗人的转变 ································ 47
4.1.1 蒂姆·克雷斯维尔的生平 ·························· 47
4.1.2 拓扑诗学的思想脉络 ································ 48
4.1.3 来自人文主义地理学的启发 ························ 50

4.2 克雷斯维尔的"地球工程"三部曲 ······ 52
4.2.1 《土壤》 ······ 52
4.2.2 《围栏》 ······ 53
4.2.3 《塑料石》 ······ 54
4.3 拓扑诗学理论 ······ 56
4.3.1 指向地理哲思的拓扑诗学 ······ 56
4.3.2 拓扑诗学与世界-地理诗学的关系 ······ 58
参考文献 ······ 59

第5章 埃里克·马格兰的环境-地理诗学 ······ 61
5.1 地理诗学的环保主义者 ······ 61
5.1.1 埃里克·马格兰的生平 ······ 61
5.1.2 环境-地理诗学与世界-地理诗学的交织 ······ 62
5.2 环境-地理诗学的理论脉络 ······ 63
5.2.1 地理诗学的再定位 ······ 63
5.2.2 地理元素与文学创作 ······ 65
5.2.3 地理元素与文学批评 ······ 66
5.3 实践性的环境-地理诗学 ······ 68
5.3.1 沙漠博物馆 ······ 68
5.3.2 地理诗学工作坊"落基山脉的动物" ······ 69
5.3.3 诗歌社区项目 ······ 70
5.4 地理诗学的环境关怀 ······ 72
5.4.1 气候地理诗学的特别关注 ······ 72
5.4.2 纳萨尔的回应：后殖民城市叙事的重构 ······ 74
5.4.3 恩格尔曼的回应：空气诗学 ······ 75
5.4.4 阿克尔对气候地理诗学的评论 ······ 77
5.4.5 克雷斯维尔与马格兰的对话：超越地理诗学 ······ 78
参考文献 ······ 79

第6章 当代西方地理诗学的理论发展 ······ 81
6.1 地理诗学与其他诗学 ······ 81
6.1.1 地理诗学与地方诗学 ······ 81
6.1.2 地理诗学与生态诗学 ······ 82
6.2 西方地理诗学的不同实践路径 ······ 85

    6.2.1 当代地理诗学的实践性 ……………………………… 85
    6.2.2 女性主义流派 ………………………………………… 87
    6.2.3 后殖民主义流派 ……………………………………… 89
    6.2.4 后人类流派 …………………………………………… 90
  6.3 多模态的地理诗学 ………………………………………… 92
    6.3.1 艺术性的地理创意 …………………………………… 92
    6.3.2 文学性的地理批评 …………………………………… 94
    6.3.3 思想性的地理哲学 …………………………………… 95
    6.3.4 实践性的地理日常 …………………………………… 97
    6.3.5 地理诗学分析诗歌的基本框架 ……………………… 98
  参考文献 …………………………………………………………… 100

第三辑　当代中国的地理诗歌实践

第7章　诗人安琪的诗歌地理 …………………………………… 105
  7.1 安琪的诗歌之旅 …………………………………………… 105
    7.1.1 女性地理诗人 ………………………………………… 105
    7.1.2 安琪的福建与北京 …………………………………… 106
  7.2 安琪的女性地理诗歌代表作品 …………………………… 107
    7.2.1 《你无法模仿我的生活》 …………………………… 107
    7.2.2 《暴雨和绵羊》 ……………………………………… 109
    7.2.3 《未完成》 …………………………………………… 109
  7.3 安琪的诗歌地理的理论与实践 …………………………… 111
    7.3.1 安琪对诗歌地理的阐释 ……………………………… 111
    7.3.2 都市的白昼与黑夜 …………………………………… 112
    7.3.3 故乡的在场与缺席 …………………………………… 114
    7.3.4 安琪对中文地理诗的使命的解读 …………………… 115
  7.4 安琪的女性地理诗歌 ……………………………………… 116
    7.4.1 安琪的女性主义 ……………………………………… 116
    7.4.2 安琪诗歌中的女性意象与情感 ……………………… 117
    7.4.3 安琪诗歌中的女性身体与地理 ……………………… 118

- 7.4.4 德·勒乌和安琪的女性地理诗歌探索 ……………………… 119
- 参考文献 ……………………………………………………………… 120

第8章 诗人陈年喜的恋地诗歌 ………………………………… 122
8.1 炸裂地心的诗歌呐喊 ………………………………………… 122
- 8.1.1 峡河的吟唱者 ………………………………………… 122
- 8.1.2 桂冠工人诗人 ………………………………………… 123
8.2 诗歌代表作品《陈年喜的诗》 ………………………………… 124
- 8.2.1 第一辑峡河边上 ……………………………………… 124
- 8.2.2 第二辑内心的更易何其缓慢 ………………………… 125
- 8.2.3 第三辑离开与抵达 …………………………………… 126
- 8.2.4 第四辑奔跑的孩子 …………………………………… 127
8.3 陈年喜的大地 ………………………………………………… 128
- 8.3.1 陈年喜的乡村 ………………………………………… 128
- 8.3.2 陈年喜的矿山 ………………………………………… 129
- 8.3.3 陈年喜的河流 ………………………………………… 130
- 8.3.4 陈年喜的恋地情结 …………………………………… 132
8.4 无法逃避的都市 ……………………………………………… 133
- 8.4.1 陈年喜的北京皮村 …………………………………… 133
- 8.4.2 陈年喜与安琪的复调交响曲 ………………………… 134
- 参考文献 ……………………………………………………………… 136

第9章 人文地理学者叶超的时空诗歌 ………………………… 137
9.1 地理与诗学的天然缝合 ……………………………………… 137
- 9.1.1 学者和诗人 …………………………………………… 137
- 9.1.2 时空诗歌的哲学母题 ………………………………… 138
9.2 散文代表作品《时空之间》 …………………………………… 139
- 9.2.1《时空之间》的时空之问 ……………………………… 139
- 9.2.2《时空之间》的文化 …………………………………… 141
- 9.2.3《时空之间》的具身体验 ……………………………… 142
- 9.2.4《时空之间》的人地情感 ……………………………… 143
9.3 诗歌代表作品《我们》 ………………………………………… 144
- 9.3.1《我们》的"我" ………………………………………… 145
- 9.3.2《我们》的"你" ………………………………………… 146

9.3.3 《我们》的"他" ……………………………………………… 147
9.3.4 《我们》的"它" ……………………………………………… 149
9.4 学者-诗人的共同哲思 …………………………………………… 150
9.4.1 诗歌的永恒主题：时间、空间与人 ……………………… 150
9.4.2 多维度的时空之间 ……………………………………… 151
9.5 诗人的礼物 ………………………………………………………… 152
9.5.1 栖居与旅行 ………………………………………………… 152
9.5.2 返乡与归宿 ………………………………………………… 154

参考文献 ………………………………………………………………… 157

第四辑　终　辑

第 10 章　终　章 ………………………………………………… 161
10.1 中西方地理诗学实践 ……………………………………… 161
10.1.1 地理诗歌中的欲望 ……………………………………… 161
10.1.2 象征和符号的运用 ……………………………………… 162
10.1.3 真实与幻觉的辩证 ……………………………………… 163
10.1.4 自我认同与地方关系 …………………………………… 164
10.2 地理诗学的未来 …………………………………………… 165
10.2.1 地理诗学的使命 ………………………………………… 165
10.2.2 地理诗学未来的关键问题 ……………………………… 166

后　记 …………………………………………………………………… 168

第一辑 绪论

第 1 章 地理诗学的源起

1.1 地理与文学的相遇

1.1.1 地理的文学

文学逐渐与真实的地理环境重新融合,像潮水回归大地般,在理论上形成了空间转向(spatial turn)。这一思潮在 20 世纪中期崛起于文学理论领域,当时的结构主义理论家对文学与现实环境的关系进行了深入探讨,旨在揭示并批判任何"指涉性幻觉",从而将文学的空间置于文本内的镜像之中。然而不能忽视的是,人与地理之间的联系一直是文学历史上的一大热门话题。从 14~15 世纪的旅行刺激着现代性的转折,到 18~19 世纪旅行作家的实践和写作,随之而来的旅行文学成为文学流派的范畴。

这些范式的变迁引导着新的文学领域的崛起,真实与虚构之间的边界变得模糊不清,新的文学空间方法也应运而生。旅行实践所带来的这一范式的变化,其人类学动机深刻地改变了文学领域,对可能的世界和文本产生了特殊的影响。在那里,我们可以在文本的字母之外推测出待探索的新领域;在那里,一个合理的世界可能会被描绘出来,超越欧洲中心主义的世界地图。这个新的流动实践引发了对新的写作形式和其他媒体,以及在特定人文和自然地理基础上建立新的阅读方式的需求。如今,我们在一个全球化的背景和全球性的方法中描绘文学创作,就像舞动的彩带一样不再受限制,标志着新的时代的来临。

不论是更直接地关注观察者,确立对世界的自我中心的感知,还是透过多焦点和多地理中心的途径来评价所描绘的空间,如今的文学研究都需借助其他概念工具以理解它与现实的关系。于是,一个广袤的领域——地理诗学(geopoetics)迫使我们去质疑,以展示其主要的理论方向和当前的方法论建议。地理诗学不仅仅是在严格的定义下产生，更是在更广泛的意义上，由肯尼斯·怀特（Kenneth White）于20世纪70年代末提出，旨在表达对诗歌创作背后的世界的认知的渴望，包括文学对人与空间关系的关注所引发的理论思考。地缘文学再次在后现代的背景中挑战了空间指涉性和文学创作的理论假设。在这个背景下，新地图勾勒出边境空间、通道空间或人类空间的新形态，考虑到了新的移动性，并将其视为基本价值。

面对文学文本所引发的问题的多样性和复杂性，地缘文学的贡献在于与其他思考和概念工具的对话，如段义孚（Yi-Fu Tuan）和沃尔夫冈·威尔什（Wolfgang Welsch）提出的一些概念。事实上，恋地癖和恐地症的概念在如今跨学科的背景下揭示了连接人和空间的情感纽带。空间的划分由观察者主体来决定，由对文化身份敞开或封闭的观点来规定，并为包容或排斥他人的政治观点提供了理由。对一个空间的感知约束着那些在此居住、穿越或想象它的人的态度、价值观和语言。因此，要理解一个空间，我们需要在诗学、修辞学、伦理学和地理学之间展开对话。跨文化性的概念建立在边界之间的流动性和孔隙性的前提上，依托于权力不对称的民主重组，呼吁对空间有一个新的看法，这种看法需要在其政治和社会层面以及在其文化和文学方面保持动态。

1.1.2 文学的地理

文学作品的内核不可避免地依赖着一定的空间（梅新林和葛永海，2017），中外文学中对地理描述性书写的历史延绵悠长。在各类文学作品持续描摹着山川城镇风俗等地理对象的特色和各类现象的地理分布的同时，我国古代文论作家深刻洞察到文人与文学作品风格受地理环境影响的现象，以及由此导致的地域差异。从先秦到明清，一系列关于此类现象的文学批评著作不断涌现（梅新林和葛永海，2017）。近代以来，地理环境对文学的影响成为一个备受关注的研究主题，并在西方地理学传入后得到了更深层次的拓展（Relph，1976）。20世纪80年代，我国人文地理学的复兴为文学地理研究提供了新的契机。然而，由于缺乏文学地理学的学科构建，这些研究基本上属于文学学者从文学批评的视角展开的地域文学研究（陶礼天，2012）。

随后，得益于文学和地理学领域学者的共同努力，国内文学地理研究逐渐充实。研究内容大致可分为用地理解释文本和用文本解释地理两类（梅新林和葛永海，2017），有的学者称之为文学面和地理面（戴俊骋，2015）。

在用地理解释文本的研究中，地理环境对文学的影响一直是不衰的主题（曹诗图等，2003；林涓和张伟然，2004；郭萌和赵学勇，2011；邹建军，2012）。文人、作品、地名等内容的地理分布格局因当代信息获取的便利性而得到深入研究（梅新林，2014；钱建状，2006；莫立民，2006；王静，2019；胡阿祥，1998）。地理信息系统（geographic information system，GIS）的应用进一步促进了对文学相关的地理信息的组织和研究（胡迪等，2012；张雯佼等，2013）。同时，对文人、文学作品的地域性研究也取得了重要进展（李浩，2022；刘俞廷，2020；王贵禄，2012）。

用地理解释文本的研究作为地理学的子学科，着重探究文学要素的地理分布、格局、成因以及地理对文学创作和作品的影响。但在当今社会环境趋同、文化全球化影响深远、人的流动性不断上升的背景下，文学的地域性或许将逐渐缩小。这使得这类研究更多地集中在古人和古代文本上。如果在研究现代文学时，再从作品中寻找古代地域文化的蛛丝马迹，以此说明地理的影响，显得有些牵强附会（邓岚和潘秋子，2009）。与此同时，现代文学作品中的空间也变得越来越复杂和诡异，因此，分析现当代文学或者从其他角度分析古代文学，就必须借助新的方法。而且，文学作品中的地理不仅仅是实际地理的再现（陶礼天，2018），更是实际地理与想象地理的融合，这使得解释文学作品中的地理想象变得相当困难。一些历史地理学者发挥其地名考证的技术专长，专注于文学的地理考证（张伟然，2008），为区分实际与想象地理提供了有力支持。

另一种研究途径采用了用文本解释地理的方法。有不少国内学者探索性地将文学作品视为地理学研究的宝贵资料，从中汲取数据用于地理研究。这一方法的开创者如竺可桢先生（1972），以古籍资料为基础进行中国物候学研究。如今，许多历史、自然和人文地理研究均采用类似方法，运用文学文本中的描述内容来重新构建地理事件、地理空间和地理变化（Zhang et al.，2012；杨为刚，2009；于凤军，2004；左鹏，2003）。在创作中对地理空间的描写被视为用文本解释地理，但这并非对地理环境的客观描写，而是作者主观审美、情感、经验和目的的交融之果（邓岚和潘秋子，2009）。文学作品中的空间不仅是客观存在的描写，更是作者打造的充满深意的"地方"（戴俊骋，2015）。换句话说，文学不单单是对空间的描绘，更是对地方的再造。于是，一种文地互释的研究路径应运而生，也将成为未来文学地理学的重要方向。

在西方文学界，随着人文社会科学中的空间转向，学者对文学中的空间产生了更为深刻的关注。美国文学家罗伯特·塔利（Robert Tally）指出，以往的文学地理研究虽然承认了文本中的空间特征，但"随后就忽略了它们，或将它们降级到被动存在的背景中，批评焦点很快转移到其他问题上"（罗伯特·塔利和方英，2020）。然而在20世纪末，法国诗人米歇尔·德吉（Michel Deguy）和肯尼斯·怀特首次提出了地理诗学（geopoetics）的概念（米歇尔·柯罗和姜丹丹，2014），强调研究空间与文学形式、类别之间的紧密关系。学者们进一步提出了地理批评（geocriticism）（罗伯特·塔利和方英，2020；贝尔唐·韦斯特法尔和颜红菲，2020），主要探讨文学如何再现空间。这些研究强调文本构建的空间的真实性、多元性和异质性，并通过对文本的多次及多重解读，揭示了文学空间对社会现实的批判性影响。因此，文学空间的研究呈现出井喷式的增长（罗伯特·塔利和方英，2020）。近年来，许多国内文学学者也积极吸收西方空间理论进行相关研究（郭诗咏，2009；王玉括，2009；周怡，2012；张晓燕和李中耀，2015；吴思娴和孔锐娟，2019；陈黎明和王雪荣，2020；云韬，2019）。

西方地理学界的文化地理研究充实而广泛。在20世纪70年代，人文主义地理学家以段义孚为代表，将地方视为富含意义和情感等内涵的场所，强调地方与人的感觉、情感等生活经验紧密相连，并关注这些经验如何在文学文本中得以表达（Corballis，1982；克里福德和瓦伦丁，2012）。20世纪80~90年代，新文化地理学受到地理学文化转向的影响，再次推崇文学作为重新雕塑地方的力量（戴俊骋，2015；克朗，2005；唐顺英和周尚意，2011），从马克思主义、女性主义、后结构主义到后殖民主义等多个视角展开相关研究（克朗，2005；向岚麟和吕斌，2010）。而克朗（2005）则列举了一系列西方经典研究。特别是莱昂内尔·特里林（Lionel Trilling）通过对威廉·华兹华斯（William Wordsworth）的诗歌"Michael"的深入分析，探究了自我与地方之间的根本联系。

在国内，地理学领域对这类研究进行了一些综述。唐顺英和周尚意（2011）详细阐述了文本如何再现地方性，而向岚麟和吕斌（2010）、周尚意和戴俊骋（2014）则介绍了文本在文化景观研究中的应用。翁时秀（2014）则阐述了西方地理学界如何利用文学文本对"想象的地理"进行解读。黄维等（2016）则引入了文本视角对记忆地理进行研究。然而，国内对文学作品本身进行地理解读的案例研究相对较少，这与西方地理学界在文学地理研究方面的蓬勃发展形成了鲜明对比（周尚意和戴俊骋，2014）。

一些学者在国内文学地理学界的相对荒芜中进行了一些独立而深入的研究。张光英（2010）通过统计《红楼梦》中核心人物的活动地点，深入分析了人物行为与空间构建的关系，阐释了小说中的空间如何影响人物的塑造。周尚意和刘晓凤（2016）运用景观、区域和地方三种路径，深度剖析了什刹海地区文学文本与空间的互动，揭示了这一地方的多重意义。安宁和钱俊希（2017）运用社会-空间辩证法，对诗歌《炸裂志》中的城市化过程进行了深度分析，构建起文本与现实之间的多重隐喻，从而揭示了小说对认识并理解现实世界的作用。张骁鸣（2016）通过对歌曲《旅行的意义》进行现象学解读，生动阐述了理解旅行意义的两种方式。这些研究突破了国内文学地理研究的瓶颈，为未来的深入探讨提供了宝贵的经验。

回首国内文学地理学的往事，用文本解释地理和用地理解释文本这两种方法犹如一对孪生兄弟，虽然各自在文学和地理学领域崭露头角，却总是渴望在学科建设的征程上找到更多相互呼应的证明。在这片思想的土地上，文学地理学是晨曦中初露的曙光，为两个学科的繁荣指明了方向；文地互释受到文学和地理学领域的共同重视。这是一种思维的碰撞，一场跨学科的盛宴，让人们看到了这两个学科交汇处灵感的火花。文学和地理学如双生子般，既注重文学作品内在的地理解读，又追求地理环境对文学的影响。

然而，在西方文学地理学研究如火如荼地进行时，中国文学界的空间转向像匆匆行进的列车，只留下了一些短暂但深刻的足迹。人文主义地理学和地方相关理论仿佛被忽略的幽灵，缺席了这场学科盛宴。本书力求创新，希望通过深入挖掘这片土地上的空白，为两个学科的相互渗透提供新的思路。

1.2 地理诗学在征途

1.2.1 地理诗学一路走来

地理诗学的概念在肯尼斯·怀特的脚步穿越圣劳伦斯河北岸、漫步拉布拉多时，于1979年在大自然的沉思中萌芽。这个思想的萌发并非偶然，而是源自他早期的内心意象——白色世界和生物景观学，这些思维的种子在加斯东·巴什拉（Gaston Bachelard）空间诗学的土壤中茁壮成长。当他在1967年创作的《进入白色世界》（"Into the White World"）一文于1998年发表在《苏格兰地面》（*On Scottish Ground*）上，标志着地理诗学的音符从他的笔尖飘荡而出，奏响了后来的旋律。怀特强调地理、诗歌和哲学的紧密交融，提倡一种超越僵化学科的游牧思维。他的地理诗学哲学观深入探索景观、文化和语言的微妙关系。他呼唤对地球的开放性接触，推崇将科学和艺术视为共生关系的诗意方式来理解世界。

1989年，怀特的国际地理诗学研究所的诞生，标志着地理诗学正迈向新的台阶。这个所不仅是与地理相关的研究、出版和活动的中心，更是孕育全球对地理与诗歌交汇感兴趣的社区的摇篮。研究所积极鼓励跨学科合作，将诗人、地理学家、生态学家以及不同领域的思想家召集起来，这样的合作方式开启了一种全面的视野，使我们对人类与地球关系的理解更加立体。随着时间的推移，地理诗学逐渐发展成为涵盖各种观点和声音的领域。

从20世纪90年代到21世纪初，来自世界各地的学者和诗人共同为地理诗学献上自己的智慧，深入讨论生态问题、文化景观以及语言与地点之间的复杂关系。其中，埃里克·马格兰（Eric Magrane）的环境-地理诗学、蒂姆·克雷斯维尔（Tim Cresswell）的拓扑诗学等理论犹如不同的乐章，丰富了地理诗学的主旋律。

当下，地理诗学如涓涓细流，持续扩展和多样化。数字技术的崛起催生了数字地理诗学，学者探索了地理信息系统等技术与诗歌表达的完美融合。来自数字时代的拓展，为以技术为媒介探索地理景观的方式提供了新的可能性。

地理诗学以其全球性的影响力，吸引了地理不同文化背景的学者和诗人的热烈参与。这反映了地理诗学所关注的主题的普遍性，及其对于理解不同地理景观和文化背景的相关性的深刻关切。而今，地理诗学的征程依然在继续，学者、诗人和思想家们不断挖掘人类经验、语言和地球之间的深刻联系。这个领域依然充满活力，激励着人们以具有创造和反思精神的方式参与我们所居住的世界。地理诗学将我们的心灵与大自然交织在一起，为和谐共生的目标奏响了美妙的乐章。

1.2.2 地理诗学的邀请

地理学家、诗人马格兰，是一位描绘"电影场景"的"导演"，他勾勒出了地理诗学三种模式的轮廓，一如天空映照着远山的峦峰。

首先，他为我们呈现的地理诗学研究，并非枯燥的学术理论，而是一次充满创意的奇妙探险，带领我们逐渐揭开地球表面的未知，引导我们在时间的长廊中徜徉，并发现空间深处的奥秘。其次，他将诗学的地理批评绘制成一幅独特的艺术图景。这不仅仅是诗意的表达，更是一场文化之旅，像流水一般在各种形式中穿梭，描绘出一幅关于身份、归属和流动性的画面。这是一次心灵的旅程，需要透过文字感知空间和时间的变幻。最后，他构建起一幅地理哲学的沉思画卷，这不仅是理论的碰撞，更是一次哲思，透过抽象的词汇，让我们陷入对权力、不平等、正义和自由的思考。

我们是地理诗人，是一群无畏的探险家，驾驭着诗歌之舟，航行在空间和时间的河流。我们的诗歌不受限于形式，仿佛音符跳跃的水波，尝试各种可能的表达方式，散发着奇异的光芒。

我们的地理诗学是一场跨越学科和领域的对话，是回响在山川之间的大地之音；我们的诗歌敞开心扉，向着自我、他人和世界，是花朵绽放所展现出的千姿百态；我们的地理诗学是一场有趣的探索，是在星光下的翩翩起舞。

我们邀请你，亲爱的读者，加入我们的地理诗学之旅，让我们一起用诗学来感知并创造空间与时间的奥秘，分享其中的魅力与惊喜。

参考文献

安宁，钱俊希，2017. 城市化的文学书写：基于社会空间辩证法的《炸裂志》解析[J]. 人文地理，32（1）：47-54，89.

贝尔唐·韦斯特法尔，颜红菲，2020. 文学·世界·地理批评：贝尔唐·韦斯特法尔教授访谈录[J]. 浙江工业大学学报，19（3）：354-360.

曹诗图，孙天胜，田维瑞，2003. 中国文学的地理分析[J]. 人文地理，18（3）：82-86.

陈黎明，王雪荣，2020. 文学地理与阎连科的乡土叙事[J]. 宁波大学学报，33（3）：32-40.

戴俊骋，2015. 中国文学地理学的研究范式与学科融合趋势[J]. 地理科学进展，34（4）：526-532.

邓岚，潘秋子，2009."文学作品中的地理空间问题"研讨会综述[J]. 世界文学评论（2）：56-63.

郭萌，赵学勇，2011. 地理的空间与文学的意象：以贾平凹小说创作为例[J]. 人文地理，26（2）：108-111.

郭诗咏，2009. 论施蛰存小说中的文学地景：一个文化地理学的阅读[J]. 现代中文学刊（6）：11-25.

胡阿祥，1998.《徐霞客游记》中的地名记述与研究[J]. 南京大学学报（4）：60-68.

胡迪，闾国年，林伯工，等，2012. 面向 GIS 的砗卷履历数据组织与采集[J]. 计算机工程，38（9）：24-27.

黄维，梁璐，李凡，2016. 文本、冲突与展演视角下的西方记忆地理研究评述[J]. 人文地理，31（4）：17-25.

克朗,2005.文化地理学[M].杨淑华,宋慧敏,译.南京:南京大学出版社.
克里福德,瓦伦丁,2012.当代地理学方法[M].张百平,孙然好,译.北京:商务印书馆.
李浩,2022.唐代三大地域文学士族研究[M].西安:陕西人民出版社.
林涓,张伟然,2004.巫山神女:一种文学意象的地理渊源[J].文学遗产(2):20-27,157.
刘俞廷,2020.辞赋视野下饮食书写的南方地域性[J].地域文化研究(6):33-42,147-148.
罗伯特·塔利,方英,2020.文学空间研究:起源、发展和前景[J].复旦学报,62(6):121-130.
梅新林,2014.中国文学地理形态与演变[M].上海:上海人民出版社.
梅新林,葛永海,2017.文学地理学原理[M].北京:中国社会科学出版社.
米歇尔·柯罗,姜丹丹,2014.文学地理学、地理批评与地理诗学[J].文化与诗学(2):229-248.
莫立民,2006.唐代文学人才的地理分布及成因[J].中州学刊(5):242-245.
钱建状,2006.南渡词人地理分布与南宋文学发展新态势[J].文学遗产(6):63-72,159.
唐顺英,周尚意,2011.浅析文本在地方性形成中的作用:对近年文化地理学核心刊物中相关文章的梳理[J].地理科学,31(10):1159-1165.
陶礼天,2012.略论文学地理学的过去、现在和未来[J].文化研究,12:257-284.
陶礼天,2018.文学地理与文学地理学建构片谈[J].长江文艺(5):130-133.
王贵禄,2012.西部文学:一种可能绘入当代文学史版图的文学地理[J].文艺争鸣(9):114-118.
王静,2019.元代江苏诗人地理分布与文学活动[D].太原:山西大学.
王玉括,2009.非裔美国文学中的地理空间及其文化表征[J].外国文学评论(2):160-167.
翁时秀,2014."想象的地理"与文学文本的地理学解读:基于知识脉络的一个审视[J].人文地理,29(3):44-49,160.
吴思娴,孔锐娟,2019.诗歌中的人文地理与城市发展[J].有色金属设计,46(4):12-16.
向岚麟,吕斌,2010.新文化地理学视角下的文化景观研究进展[J].人文地理,25(6):7-13.
杨为刚,2009.唐代"长安—洛阳"文学地理与文学空间研究[D].上海:复旦大学.
于凤军,2004.明至民国时期方志舆图中韩城县境的景观格局与景观变迁[J].中国历史地理论丛(1):83-89,159.
云韬,2019.文学的空间发微:2018年文学的城市、空间、地理研究图书盘点[J].中国图书评论(6):31-41.
张光英,2010.基于行为空间视角的大观园空间解读[J].人文地理,25(6):36-41.
张伟然,2008.中古文学作品中"江汉"含义的再讨论[J].华中师范大学学报(4):89-95.
张雯佼,李发红,王占宏,2013.文学和艺术形态地理分布特征数据库设计方案初探[J].测绘技术装备,15(1):30-32,10.
张骁鸣,2016.阐释"旅行的意义":现象学的视角[J].旅游学刊,31(11):14-21.
张晓燕,李中耀,2015.文学地理学视野下《汉宫秋》"地理空间"解读[J].文艺评论(6):40-44.
周尚意,戴俊骋,2014.文化地理学概念、理论的逻辑关系之分析:以"学科树"分析近年中国大陆文化地理学进展[J].地理学报,69(10):1521-1532.
周尚意,刘晓凤,2016.多种文学地理学研究路径的交汇:以什刹海地区文学作品分析为例[J].临沂大学学报,38(3):50-55.
周怡,2012.加拿大文学中的地理象征:以《钱德利家族和弗莱明家族》为例[J].外国文学(5):

3-10,157.

竺可桢,1972. 中国近五千年来气候变迁的初步研究[J]. 考古学报(1): 15-38.

邹建军,2012. 关于文学发生的地理基因问题[J]. 世界文学评论,(1): 32-34.

左鹏,2003. 社会空间的文化意象：以乐府诗《长安道》为例[J]. 中国历史地理论丛(4): 46-52,160.

Corballis, R P, 1982. Humanistic Geography and Literature: Essays on the Experience of Place[J]. New Zealand Geographer, 38(2): 94.

Relph E, 1976. Place and Placelessness[M]. London: Pion.

Zhang X P, Ye Y, Fang X Q, 2012. Reconstruction of Typhoons in the Yangtze River Delta During 1644-1949AD Based on Historical Chorographies [J]. Journal of Geographical Sciences, 22: 810-824.

第二辑 西方地理诗学的理论与实践

第 2 章 加斯东·巴什拉的空间诗学

2.1 诗意的科学哲学

2.1.1 加斯东·巴什拉的生平

1884年6月27日，加斯东·巴什拉诞生于法国巴尔-苏尔-奥布省的一个宁静小镇。他曾任职邮政职员，后来转向学习物理和化学，最终探寻哲学的奥秘。1927年，他荣获文学博士学位，开始了他卓越的教育生涯，直至1962年10月16日在巴黎告别尘世。

巴什拉被誉为多才多艺的思想家，在数学、物理、化学、生物、心理、文学和艺术的广阔领域中都展现出卓越的见解和创新。他的思想贡献分为两个显赫的阶段：第一个阶段集中于科学哲学，对科学知识的形成、发展和科学理性的超越都有过深刻独到的批判；第二个阶段聚焦在诗意哲学上，研究诗意想象力的本质、功能和诗意创造力的条件及可能性（Smith, 2016）。巴什拉的作品分为两大派别，一是关于科学知识和理性的哲学研究，二是关于物质想象和诗学的文学创作。前者涵盖《论近似的认识》（*Essai sur la Connaissane Approchée*）、《新科学精神》（*Le Nouvel Esprit Scientifique*）、《科学精神的形成》（*La Formation de l'Esprit Scientifique*）、《否的哲学》（*La Philosophie du Non*）等，后者包括《火的精神分析》（*The Psychoanalysis of Fire*）、《水与梦》（*Water and Dreams*）、《空间的诗学》（*The Poetics of Space*）、《梦想的诗学》（*The Poetics of Reverie*）等[①]。

[①] 《从瞬间到边缘：巴什拉的空间思想》（*Adventures in Phenomenology Gaston Bachelard*）一书由爱德华·凯西（Edward Casey）等人编写和编辑，于2017年出版。该书对巴什拉的空间思想进行了深入而广泛的研究，它不仅回顾了巴什拉的原著和文献，而且也与其他哲学家，如施特林（Schelling）、胡塞尔（Husserl）、博尔赫斯（Borges）、德勒兹（Deleuze）等进行了比较和对话。

在早期的著作《绵延的辩证法》（The Dialectics of Duration）中，巴什拉探究了亨利·柏格森（Henri Bergson）的时间和持续哲学，深入研究时间性和持续时间的概念，揭示了它们如何影响人类意识及对现实的感知。这是一场时间与创造性直觉之间的辩证盛宴，他以批判性的视角探讨了这两者间的关系。

在《科学精神的形成》中，巴什拉关注科学哲学和科学精神的塑造。他深入讨论了科学思维涉及的心理和认识论过程，强调了克服常识和先入为主观念以实现科学认知的关键性。这是一场有关探索科学知识背后的奥秘的心灵冒险。而在《火的精神分析》中，他深度剖析了火的心理和象征意义。通过深入讨论火的隐喻性和转化性，巴什拉勾勒出了火对人类的想象力、创造力和诗意心灵的深远影响。这是一次心灵的火焰，燃烧着对元素现象和对人类意识深刻影响的兴趣。

1942年的《水与梦》也是元素系列研究的一环。这是一场对水的探索，那涌动的液体如何编织着人类的思维、梦境和创造。巴什拉以其兼具科学深度与诗意想象的独特观点，揭示了水的物质和想象之间的深邃联系。

在1948年的《地球与意志的遐想》中，他的笔触沉浸在心灵和诗意的世界，探讨了地球与坚实物质的微妙心理层面。对泥土象征的思考成为此书的精华，而这种象征意义在雕刻人类的想象、梦境和意志方面扮演着关键角色。

到了1958年，《空间的诗学》成为巴什拉最具影响力的巅峰之作，深度剖析了生活空间的现象学，从房屋到巢穴，从房间到角落。他将空间的情感和诗意共鸣纳入研究，强调这些地方对人类意识和创造力的深远影响。在这场探索中，他引入了"拓扑分析"的概念，以解析空间的象征和心理维度的内容。

巴什拉的思想是一条时光的小径，穿越着科学与诗意的领域。他用文字构筑了一座连接理性与想象的桥梁。这位思想巨匠将他的心灵之旅奉献给了对知识、艺术、时间和空间的无尽追求。这一系列作品勾勒出巴什拉跨学科的探索轨迹，他以哲学、心理学和文学的交织，勾画出人类意识与自然世界错综复杂的关系。这些著作穿越元素的海洋，揭示出哲学、文学理论以及人类感知研究等领域的深远影响。

2.1.2 科学哲学与诗学的相遇

在巴什拉的哲学宇宙中,思想是山脉,起伏蔽日,深刻而宏伟。他以科学和诗学的双重视角构筑一座奇异的山峦,将全面、多元、生动、富有想象力的世界观呈现在读者面前。科学哲学是这座山峦的岩石,坚实而千姿百态。

巴什拉主张科学知识是流动不息的,需要新的概念和方法来冲破旧的界限。科学精神是一种具有创造性、开放性、批判性、综合性和动态的力量,能够超越常识和经验,深入探索事物的本质和规律。他的物质想象与诗学研究,宛如四季轮回,不断演绎出自然的奥秘,火、水、土、气四种物质本原在人类心灵和文化中绽放出不同的音符。物质想象是对自然界的感知和表达,激发人类的创造力,产生如诗一般的语言和艺术,在山脉间欢歌。

巴什拉提出的认识论断裂概念,指明了科学与诗之间的二重性(Rizo-Patron,2017a)。科学需要超越前科学的障碍,而诗歌却要回归前科学经验的想象和感受。他将想象赋予物质性,将这种物质性引入诗学批评的领域。想象与物质紧密相连,犹如山脉中的河流,在创造中激发出源源不断的力量。

在这条山脉的峰巅,诗歌意象如同岩石一般层层叠叠,超越语言和逻辑,揭示出人类心灵深处的梦想和欲望。巴什拉透过对诗人和作家的精神分析,探索了诗歌意象的诗意和美学价值。他与现象学、精神分析和诠释学的交织,指引着我们探寻诗意的深邃之处。

2.2 巴什拉诗学理论的思想源泉

2.2.1 现象学对巴什拉的影响

巴什拉犹如迷雾中的行者,沿着哲学的曲径探索现象学,他的心灵在不同阶段迸发出不同的火花。最初,他倾心于胡塞尔的现象学,透过直觉、减法和反思,在现象层面揭示出人类经验。巴什拉对胡塞尔的研究方法深感认同,他通过悬置、括弧和揭示等手法,努力消除人们对事物的偏见,揭露事物的真实面貌。哲学的土地上,巴什拉意识到胡塞尔的现象学是一种揭示直接经验和感受的崭新方法。他认为现象学是一场不断更新和改变的冒险,一场实现自我和世界的征途。通过接触事物本来面貌和生命力量,经历不断的质疑和惊奇,以拓宽视野和经验。

然而，巴什拉并非盲目崇拜胡塞尔等现象学家。他在哲学的长河中吸收了康德（通过叔本华来阅读康德）的启示，对现象学提出了批判性的思考（Vydra，2014）。他不把现象局限于自然中的静态对象，而将其拓展为动态的、可被生产或甚至创造的对象。在现象技术的领域中，他勇敢地超越了现象世界的表面，提出了物自体的概念，探索现实的可能来源。

对于巴什拉来说，他的批判并非轻描淡写。他指责胡塞尔的现象学过于依赖意识，忽视了无意识或超意识等其他认识途径。他指出，胡塞尔的现象学过于保守地坚持事物本身的稳定性，忽略了事物本身的变化性或发展性（Vydra，2014）。

在巴什拉后期的诗意阶段，他对物自体和现象不再严格区分，而是将诗意（文学）意象视为文学意识的现象，在主观性和客观性之间创造了一片独特的领域。他将诗意之花种在意识的边缘，让它们在虚实之间交相辉映。在这个阶段，技术这一概念不再在他对想象力或白日梦的研究中扮演角色。后期的巴什拉将现象学视为一种方法或态度，它能够引导人们深入探索意识中未被揭示的区域，这些区域在西方哲学中被遗忘或被其他对意识方面的关注所掩盖，如理性思维。因此，他提出了新现象学（nouvelle phénoménologie）的观念，即现象技术（phénoménotechnique），作为对传统现象学的补充和超越（Rizo-Patron，2017b）。这是一场对意识的深层探险，是艺术家在白日梦中描绘出的未知卷轴，现象技术成为了一把打开心灵宝盒的魔法钥匙。

对于巴什拉而言，现象技术是通过人类技术活动，如实验、观测和测量等，来揭示事物本身所隐藏或潜在的新现象。这种科学的冒险使人类能够突破自然界设定的界限，进入一个更广阔、更深刻且更动态的现象世界。这场心灵的狂欢迸发出具有创造性的火花，引领人类进入与事物本身更为亲密、活跃且和谐的关系。

2.2.2 精神分析对巴什拉的影响

巴什拉所提出的精神分析在揭示潜意识和无意识的层面，引导我们发现那些隐藏和压抑的欲望和冲动，以揭开大地下深藏的秘密。精神分析是一种具有创造性的方法，是在风中舞动的音符。通过诗意想象，我们可以用琴弦演奏出内心的问题，用旋律表达心意。这些旋律里藏匿着对心理问题的深刻理解和解决之道，带来内心的和谐与舒缓。

巴什拉对弗洛伊德的精神分析提出了独到的见解，对其过于依赖性欲的观点提出了质疑。巴什拉认为人类经验和文本不应仅被解读为负面或病态的一面，正如大地不仅有峡谷，还有峰峦起伏[①]。在哲学的长廊中，巴什拉搭建了一座新的桥梁，将精神分析与现象学交汇，形成一种独特的诠释学。这座桥梁有两个支柱，一是对科学知识的精神分析式的解释；另一个是对诗意想象力的现象学式的解释（Zwart，2020）。

在这诠释学的花坛里，巴什拉培育出了一朵名为诗意诠释学的花。这是一种用诗意想象力来理解和解释人类经验和文本的方法，以揭示事物本身的更深层次。这种诗意想象力是一种能够突破潜意识和现象的限制，从而进入更深刻、更广阔、更动态层面的能力（Rizo-Patro，2017b），使人类与自己和他人建立一种更真实、更自由、更友爱的关系。在巴什拉的花园中，诗意诠释学通过对梦境、物质、火焰和水的解释，形成了一曲悠扬的元素诗学（Sabolius，2017），为当代环境政治提供了启示和贡献（Talcott，2017）。总之，巴什拉的诗意诠释学是他哲学探索的一次华美蜕变，是对现象学和存在主义的独特贡献。

2.3《空间的诗学》的再诠释

2.3.1《空间的诗学》的主要内容

《空间的诗学》于1958年初次问世，被誉为空间与诗学艺术的里程碑之作。巴什拉通过现象学的方法，以在建筑空间（espace architectural）和自然环境中的生活体验为基石，剖析空间的深意。不论是在日常生活还是在文学作品中，不论是在散文还是诗歌中，他着重关注个体对建筑的情感反应（Bachelard，2014）。《空间的诗学》深度挖掘了空间在人类意识和想象中的角色与意义，尤其专注于家屋和其他亲密空间的诗意与象征。在巴什拉的镜头下，空间并非一个客观、同质或空洞的容器，而是一种多元、有生命力和创造性的现象，是人类栖息、幻想和回忆的圣所。他主张建筑学即是栖居的诗学，通过对家屋的诗意构筑，人们能够在内心世界和外部世界之间建立深

[①] 在 *Bachelard's Hermeneutics: Between Psychoanalysis and Phenomenology* 一书中，艾琳·里索-帕特隆（Eileen Rizo-Patron）讨论了巴什拉对诠释学的贡献和创新，以及他如何在精神分析和现象学之间建立一种新的哲学方法。巴什拉还讨论了精神分析学家荣格（Jung）的工作。他比较了精神分析学和现象学对他的主题的启发，认为两者都有价值，但更倾向于现象学的方法。

刻的纽带。

《空间的诗学》划分为十章，分别深入探讨了不同类型和层次的空间，如地窖、阁楼、抽屉、箱子、衣橱、巢、外壳、角落、迷宫等。每个章节都引用了丰富的诗歌与文学作品，展现空间如何激发人们的感性印象、情感反应和理性构想。巴什拉提出了一系列重要概念，如物质想象力、形式想象力、回响、共鸣和迷失等，用以解释空间与心灵之间的互动。

他将建筑空间分为物质空间（espace matériel）和诗意空间（espace poétique）。物质空间是客观、测量和抽象的，而诗意空间则是主观、感性和具象的。在巴什拉看来，人类对于空间的感知和理解既受制于物理、几何和数学等因素，也深受心理、情感和想象等因素的影响。因此，人类对于空间有一种诗意和象征的倾向，将记忆、情感、梦想等融入其中，这也是一种激发人类创造力和幸福感的途径（Sabolius，2017）。通过分析文学作品中对空间的描写，巴什拉探讨了人类如何体验空间并赋予意义，以及人类如何对空间诗意化与象征化。建筑空间不仅是一种物质结构，还是一种精神结构，它反映了人类存在的本质和可能性。巴什拉的分析让建筑不再是冰冷的石头，而是充满诗意并与人类共鸣的灵魂。

空间诗学是巴什拉的心灵探险，在这片神秘的土地上，物理空间和想象空间相互融合，犹如现实与梦境的奇妙对话。巴什拉的笔触探寻了内心深处的创造领域，通过想象，我们超越了物理空间的束缚，构建起独一无二的内在乌托邦。在这片领域中，家和避难所是关键元素。它们不再是简单的四壁之间，而是个体追求安全感、舒适感和宁静感的庇护所。在这些神圣的角落里，个体释放内在的想象力，沐浴在心灵的抚慰之中。在巴什拉眼中，角落和巢穴成为特殊元素，代表人类对安全和隐私的渴望。这些小小的元素细分了空间，创造了独特的空间体验，人们在空间的细缝中找到了独一无二的生命韵律。在这个探索的旅程中，时间和空间如影随形般交织，不再是孤立的存在。通过对记忆和回忆的知识的娴熟驾驭，巴什拉揭示了个体对于空间的感知与其过往经历和情感经验深刻关联。空间不再是静态的雕塑，而是一幅与时间编织着情感的画卷。在这片空间的探幽中，人们产生了共同的空间幻觉，这是一种对某些环境或元素的普遍共鸣。巴什拉通过对文学、诗歌和艺术作品的审视，揭示了这些共同的空间幻觉，强调了它们对于个体和群体认同感的深远影响。

总体而言，巴什拉的空间诗学深刻地探讨了空间在心理和情感层面呈现出的一种独特而深刻的理解方式。《空间的诗学》是一部具有开创性和影响力的作品，为多个领域带来了新的视角和启示，不仅拓展了建筑学、城市规划和地理学等领域的思考，也为文学评论、艺术理论和哲学思想等领域注入了新的活力。

2.3.2 家、房子与宇宙

在巴什拉的世界里，家不只是一堆砖块和木梁的堆砌组合，更是一座沐浴在星光和梦幻之中的隐秘灵魂城堡。巴什拉将家庭、房间这些日常空间转化为灵感的源泉，将私人空间演绎成情感的交响曲。他像一位心理建筑师，审视着这座灵魂城堡每一个隐秘的角落，挖掘出其中蕴含的情感金矿。家不再是一个冰冷的建筑物，而是一种象征，一处用梦幻和温暖编织的庇护之所。家是想象的源泉，超越了现实，孕育着无尽的梦幻与可能。在这诗意的空间中，我们能够通过心灵的翅膀飞翔，探索那些只存在于梦境之中的理想家园。

家更是我们与空间深深相连的情感之桥。每个角落都不再是单纯的物理存在，而是一篇篇情感的诗篇，一段段记忆的交响。这是一个具有时间深度的空间，一本诗意日记，每个角落充满个体的生活痕迹。在这个家庭空间中，我们与自己的过去、家庭的往昔交融，共同构成关于时间与情感的交响曲。

家是心灵深处的秩序和结构。巴什拉不仅关注家庭的空间结构，更是深入到个体心灵的秩序之中。这种秩序既是物理的，又是心理的，是我们对空间的主观组织。在这个独特的秩序中，我们能够感受到一种超越尘世的安宁，是一场心灵舒缓的音乐会。

房子这座诗意的灵魂城堡，是我们的第一个宇宙，充满了梦想和回忆，是我们与世界的微妙联系。就巴什拉所言，房子是我们的港湾，具有诗意和象征。房子也是我们内心深处的一片星辰之海，永不停歇地闪烁着梦想的光芒。

阁楼是被星云缠绕的思想之塔，高处的空间仿佛是通向天堂的阶梯。在那里，阳光轻柔地穿过窗户，将理性的光辉洒满心灵的庭院。阁楼不仅是物理存在，更是思考与冥想的殿堂，是一场与天空的邂逅，是心灵的绚烂花园。

地窖是一段深埋在黑暗深渊的神秘故事。低处的空间本能地弥漫着一种氛围，仿佛是潜意识与无意识的交汇之地。黑暗并不恐怖，而像一片模糊的海洋，让人沉浸在恍若隔世的梦幻之中。地窖是沉思与退隐的绿洲，是灵魂深处的秘密花园[①]（Rizo-Patron，2017b）。

抽屉是隐藏在心灵深处的神秘宝库。抽屉不仅是物理的容器，更是奇迹和惊喜的源泉。打开抽屉的瞬间，仿佛闯入一个超现实的领域，充满了奇妙的幻想和发现。抽屉是心灵的藏宝图，是一个通向未知世界的神秘门户。

壁炉是一团温暖的心灵炽焰。在这温馨的空间中，火焰跳跃着，生命的旋律在空气中荡漾。壁炉不仅是提供实际温暖的地方，更是家庭和亲密的象征。在这个空间里，每一颗火星都是一个家的故事，每一片烟雾都是回忆的缭绕。

家具是日常生活的稳定仪式。这些实用的空间不再是单纯的桌椅床，而是承载着功能、习惯和记忆的神秘仪式。家具是时间的雕刻匠，每一处纹理都是岁月的印记，让我们在日常的轮回中找到一种安定的仪式感。

而小屋则是这个浪漫宇宙的最后一片净土。这个圆形或方形的原始结构，是与大地、自然、孤独相联系的象征。小屋是一处可以退隐和沉思的绿洲，是灵魂寻找根源的圣地。在小屋中，我们能够超越自身的局限，感受存在的本质和可能性。它是一场白日梦的盛宴，让我们在超越现实和理性的创造性活动中自由地探索内心的空间。

在这诗意的房子宇宙中，开放性与封闭性相互交融。房子成为我们与宇宙对话的桥梁，既是保护的堡垒，又是开放的窗口。这是我们的第一个宇宙，也是最后一个宇宙，我们能够在此与无限的可能性对话，感受浪漫与想象的交融。房子不再仅仅是物质结构，更是灵魂的精神结构。

2.3.3 巢、贝壳与圆

巢是一片温暖的怀抱，是母亲孕育生命的怀抱，在这无常的世界中保护我们。它有着母性的魅力，能够给予我们安全和温馨，满足我们对于归属和依赖的渴望。巢是生命的交响曲，是诗意的象征，是激荡心弦的叙事诗，与家庭、母亲和子女紧密相连。

在这简单而完美的巢中，圆形、球形和穹顶相互交融，展现出自然界最基本和最优美的形式，体现了生命最简单和最高贵的品质，以及原始和纯粹

[①] 巴什拉还讨论了精神分析学家荣格的工作，借用了其原型的概念。

的魅力。巢是一座构造的神殿，是完整性的象征，散发着诗意和完美的光辉。

巴什拉引用了许多诗人和作家对鸟巢的描述和赞美，使巢的意象丰富而立体，如波德莱尔、瓦莱里、普鲁斯特等。这些文学作品展示了人类对鸟巢的敬畏和羡慕，对鸟巢所象征的理想生活方式的向往。巢是大自然的家宅，是超越物质的梦想之地，是创造和表达自我的空间，激发我们无限的想象和情感，让我们在其中寻找内心深处最真实和深刻的状态。

贝壳也像巢一样，为生物提供了保护和隐匿的空间。它是一个微缩的宇宙，包含着无限的可能性和变化。巴什拉赞美贝壳的动态，其形状由生命的运动决定，内部空间由生命的节奏塑造。贝壳是一种具有双重性质的存在，既是物质的容器，也是精神的象征。它是清晰、准确和严格的概念，同时也激发出人类的无限想象，让诗人在其面前难以言表，不得不面对想象力干涸的问题。贝壳是充满几何学现实的奇迹，是一种超越物质的诗意存在，让我们沉浸在无限的梦幻之中，一次次向着诗人想象的边界外探寻。

在这个充满梦幻的宇宙中，巴什拉将贝壳与人的身体和心灵交织，展现了共同的梦境价值。贝壳既是原始的身体，又是原始的心灵，仿佛是大自然赋予的最简单有机体，是生命的本能和欲望交织的绝美之物。"贝壳是一种梦想的形式，它的形式是由梦想的意义所引导的。"在巴什拉所吟唱的迷幻音乐中，贝壳成为一种超越物质的幻境，是梦想的舞台，是意义的导航。这种梦幻的形式是一场绚烂的烟火，在我们心灵的夜空中绽放，让我们在其中迷失，并感受梦想的引导和生命的真谛。

在《空间的诗学》中，巴什拉对贝壳的解读揭示了他对空间的诗意观。空间不仅是物质的容器，还是人类意识的幸福栖居之所（庞艳，2022）。贝壳是一种精神的象征，一种多重意义的存在；是自然的家宅，是微缩的宇宙；是原始的身体，是原始的心灵；是动态的存在，更是梦想的形式。贝壳是一种诗意的空间，唤起人们对于生命和宇宙的无限想象，满足人们对于保护和隐匿的渴望，是一场幻梦中的舞蹈，引领我们走向内心深处。

无论是巢穴还是贝壳，似乎都隐藏着某种圆的雏形。圆形这个基本的空间形象，对人类的存在和体验产生了深远的影响。它是大自然的心跳，构造和完整性的源泉。圆形与母亲、子女和家庭紧密相连，是保护和孕育生命的栖居之地。在这个浪漫的圆形宇宙中，巴什拉用梦幻的笔触在空间的画布上，勾勒出一幅幅迷人的图景。贝壳成为梦想的舞台，圆形则是生命的韵律，而我们身临其中，成为这场梦幻舞蹈的主角，感受着情感的激荡和生命的奇迹。

2.3.4 隐藏的角落与内心空间

在这个诗意的时空中，巴什拉将角落描绘成一片神秘而魔幻的领域，藏匿着个体最深层的心灵秘密。这些隐藏的角落，如抽屉、箱子和衣柜，仿佛是通向梦幻之境的秘密通道，通往我们内心最宝贵的珍藏之所。

抽屉是一个迷失的宝匣，蕴含着无尽的惊奇与宝藏[①]，每次触碰抽屉里独特的物品，都是发现幸福。抽屉与秘密、奇迹、惊喜相连，是魔法的入口，引领我们走向幻想和探险。箱子是时光的守护者，装载着充满岁月的记忆和情感的珍品。每一个箱子都是一个时光胶囊，承载着我们曾经的快乐、悲伤和激情，是个体历史的见证者。箱子充满幻想和发现，是流动的诗篇，让我们沉浸其中，感受岁月的深沉。衣柜是时尚的舞台，展示着个体的独特风采。它们不仅是衣物的寄托之所，更是个体对于自我表达的空间。衣柜有着神秘而魔幻的魅力，是时光的舞台，让我们穿越不同的时代，体验变幻的风华。

角落这个被遗忘的领域，是一个安静而舒适的空间[②]。它与沉默、平静和温暖相连，是被柔软羽毛包裹的温馨巢穴，给予我们安心。角落有着宁静而温馨的魅力，犹如梦境中的草地，让我们在其中迷失，感受到心灵的平静。角落还是一个封闭而孤寂的空间，它与隐蔽、防御和寂寥相连，像一座孤塔，让我们得以远离外界的纷扰。角落也有着神秘而悲恸的魅力，让我们在夜空的孤独中感悟内心的深沉。角落还是一个沉思而解放的空间，与思考、冥想和自由相连。它是沉思和解放自我的场所，是追逐流星的自由之旅，让我们在其中找到内心的平静和自由。角落能够反映出我们内心最深刻和最真实的状态，如同镜子一般让我们看到自己的真实面貌。

在角落这个梦幻之境中，抽屉、箱子和衣柜成为通往灵魂深处的秘密通道，它们是个体的私密领域，是我们的秘密和奇迹，幻想和发现，诗意和象

[①] 巴什拉用几部文学作品来说明这一点。例如，在普鲁斯特的《追忆似水年华·在斯万家那边》一卷中描述了主人公马塞尔对他母亲留下的抽屉里物品的迷恋。巴什拉认为，抽屉、箱子和衣柜是一种诗意的创造，它使我们与自己的内心对话。

[②] 巴什拉举例，在波特莱尔《恶之花》中，《猫》这首诗描述了一个诗人对于他与猫共享一个温暖而舒适的角落的幸福。

征。我们能够在这片神秘的领域里找到属于自己的一片天空，一片个体内心深处的星辰之地。

在这无边的内心空间里，巴什拉与我们一同描绘了一片超越而神秘的领域，与奥秘、神秘和超验相联系。我们漫游其中，感受到了心灵最深远最广阔的部分。这个内心空间是一个无垠的自我世界，承载着对广阔与无限的渴望，让我们在其中找到了无尽的创造力和幸福。这片心灵的天空展示着我们内心最深远和最广阔的部分。在这片开放而壮丽的领域中，我们能够追逐梦想的羽翼，让心灵自由地翱翔在无垠的宇宙中。

在巴什拉眼中，内心空间是一种诗意的创造，是生产白日梦的场所，是超越现实和理性的创造性活动的舞台。在这里，我们能够自由地探索内心空间，就像一位探险家在未知的领域追寻心灵的奥秘。巴什拉提出了内外空间的辩证法，将内外空间描绘成一种动态而相互作用的境地，与运动、变化、交流相连（Préclaire and Rizo-Patron，2017）①。这个内外空间展示出我们心灵最灵活和多变的部分。它是对立而统一的领域，与对立、矛盾和辩证相连，呈现出一种复杂而协调的魅力。在这个领域中，我们能够与自身和外界进行有效的交流，找到内心的平衡与统一，这是在矛盾与和谐中寻找自我存在的真谛。

2.4 巴什拉空间诗学的理论架构

2.4.1 巴什拉的诗意本体论

在诗学与想象的舞台上，巴什拉不仅是一位哲学家，更是一位探险家，穿越实在与虚幻的交汇处，他构建了一种超越传统实体论与唯心论的诗意本体论（Mazis，2017）。这并非一场理论的狂欢，而是一场对生命和世界深刻理解的崇高探索，是一次通过诗意唤起生命感觉和生命价值的旅程。在这迷离的哲学语境中，诗意本体论分为多种形态，其中包括物质本体论、火焰本体论、水本体论和空气本体论。

---

① 作者在这篇论文中指出，巴什拉对孤独的价值有着深刻的洞察力，他认为孤独是一种与自我和自然界对话的方式，也是一种激发想象力和记忆的方式。巴什拉将孤独与梦幻联系起来，认为梦幻是一种超越日常现实的诗意体验，它能够让人感受到生命的奥秘和美丽。这篇论文也分析了巴什拉对孤独的不同形式和层次的描述，以及他如何在《空间的诗学》和《梦想的诗学》两本书中展示孤独与空间、地方和居住的关系。

这种诗意本体论是巴什拉从科学哲学到诗意哲学的蜕变，对现象学、存在主义的批判和超越的生动展现。它具有三个主要特征：首先，它是一种动态的、非线性的、非逻辑的本体论，强调事物本身的多样性、变化性、复杂性和不可预测性；其次，它是一种创造性的、主观性的、超越性的本体论，凸显人类主体性在事物本身中的参与、影响、创造和超越；最后，它是一种诗意的、象征性的、美学性的本体论，彰显诗意想象力作为认识事物本身最高、最深刻途径的价值（Mazis，2017）。

巴什拉运用现象学和精神分析的手法，深入分析了诗歌中所呈现的想象力和创造力。对他而言，想象力不仅是再现现实的能力，更是创造新现实的动力。他将想象力划分为两大类型：物质想象力（material imagination），即对四大元素（火、水、空气、土）及其他物质形态所产生的感性印象和情感反应；形式想象力（formal imagination），指对空间、时间、运动、节奏等抽象概念所产生的理性构想和逻辑推理（Wirth，2017）。这是一场关于思维和感知的饕餮盛宴，他在哲学的狂潮中铺展出一幅抽象的图景，将想象力的双翼延伸至物质与形式的交汇处。通过对这两类想象力的细致刻画，他呈现出一幅生动而超验的图画，揭示了人类对于物质与抽象的独特感知，在理性构想和感性印象间跳跃的无限可能。这场哲学之旅在语言的缤纷中起航，散发着诗意的光芒，使得诗意本体论成为精神深渊中的另类花卉，绚烂而神秘。

在巴什拉的笔下，四大元素不再只是自然的构成要素，而是奇妙的诗意想象力的载体，分别引领着火焰的奔放、水的澎湃、空气的轻盈和土的沉静。这是一场巧妙的艺术演绎，通过对四大元素在文学和艺术中形象和象征的现象学分析，多层次揭示了它们所传达的人类经验和情感。巴什拉深刻阐述了四大元素在人类想象力和记忆中的深远影响，并以批判性的视角审视当代环境危机的根源与解决方案。他认为，四大元素超越了科学和哲学的语言束缚，是一种让人感叹与崇敬的语汇，能够唤醒人类对自然界的敬畏与爱护，促使人类与自然对话、和谐共生。巴什拉在他的诗学研究中将四大元素不仅视为构成物质的基本成分，更视为一种超越形而上学的沟通媒介，能够与其他思想家（如海德格尔、列维纳斯、德勒兹等）产生共鸣或对抗（Chimisso，2017）。

巴什拉还提出了科学想象力的概念，这是一种能够超越经验主义和理性主义的思维方式（Jones，2017）。这并非对科学的盲从，而是一场对科学对象和方法的持续质疑和创新，是对科学知识和实践的开放与更新。而诗意本体论则为人类提供了一条更亲密、更有生命力的通往自然界之路，它不仅是一种认知工具，更是一种生活态度，一种超越习惯、规则、限制和压抑的可能性。通过重新认识自然界的多样性、复杂性和不可预测性，人类可以发现自己在其中扮演的创造性、主观性和超越性的角色。这是一场重返自然怀抱的旅程，一次对生命感觉和生命价值的深刻追问。在这个过程中，诗意本体论为环境政治提供了一种全新的哲学启示，带来了一场关于人类与自然共生关系的深刻思考。

2.4.2 巴什拉与海德格尔对空间的不同解读

在巴什拉和海德格尔这两位现象学哲学家的思想之间，空间是一片开阔的领域，却被两种截然不同的理解所勾勒。海德格尔的存在观将空间描绘成一场动态、历史的律动，而巴什拉则在静谧的存在中创造了一片主观、感性的境地。

海德格尔将存在（sein）视为一种不断流动的过程，是对世界的深度沉思和关爱。他将存在者（seiende）和存在划分为两个层面，认为存在者是存在的具体体现，而存在则是存在者的潜在可能（Casey，2017）。但巴什拉将空间分为物质和诗意两个维度，将物质空间视为客观、抽象的形态，而诗意空间则成为主观、感性的具象存在（Vydra，2014）。在探讨人类存在的本质时，海德格尔将视线聚焦于人类存在的方式，即投入世界与关怀世界。他通过时间和死亡的透镜观照人类的存在。而巴什拉以建筑空间为切入点，认为建筑空间通过形象和诗意表达存在。

两位哲学家在对大地的探索中也呈现出截然不同的观点。对于海德格尔，大地具有历史性、时空性和存在性的维度，与人类的命运紧密相连。而对于巴什拉，大地则成为物质、感性和想象的交织，与人类的记忆和梦想相互牵引（Casey，2017）。在对空间、地方和居住的阐释上，两位哲学家提出了建造（building）和诗化（poetizing）的概念。在海德格尔的理解中，建造成为对存在的塑造；而在巴什拉的世界里，诗化则是对存在的艺术演绎。这是一场对大地本质和功能的差异化审视，两位大师将其呈现为截然不同的哲学图谱。

大地对于海德格尔而言，是存在的根源与最终问题，是一幅兼具历史性、命运性与神秘性的画卷。他将大地视为人类存在所陷入的神秘事件，以及一种同时依赖和受限于大地自身的存在。这具有诗意、反思和超越的画面，强调了诗意作为人类与大地沟通、思考和超越的唯一途径。然而，这也呈现出悲观、危机和救赎，揭示了现代技术文明对大地的破坏和危机，以及人类对大地的救赎和回归的迫切需求。

而在巴什拉的笔下，大地是一处充满多样性的领域，是人类存在所创造和改变的广阔舞台。巴什拉提出了一种具备现象学、科学与技术的大地思想，一种揭示和创造新现象和新领域的有效工具，强调想象力作为人类与大地交流、创造和变革的最高能力。巴什拉展现出一种乐观、开放、无限的大地思想，强调人类存在对大地的开放和无限探索，以及人类与自然界和整体之间建立更亲密、更活跃、更和谐关系的可能性。

这两位哲学巨匠对于大地思想的不同观点，不仅是一场对本体论和生态学的挑战，更是一场思想的较量。在海德格尔的视角中，大地成为回归本体论的路径，他试图恢复人类存在的本源性和根本性，却有可能导致思想封闭和狭隘。而在巴什拉的世界里，大地成为创造本体论的工具，试图展现人类存在的多样性和变革性，但人类或许也面临浮躁和盲目的风险。这一对立，映照着当代哲学和生态学所面临的重要问题和挑战。

2.4.3 巴什拉与亨利·柏格森对时间的不同理解

虽然巴什拉在其认识论和诗学的作品中对传统哲学多有批判，但他对时间和想象的思考仍然受到前辈亨利·柏格森显著的影响。然而，巴什拉通过微妙的否定哲学辩证法对柏格森关于连续时间的理论提出了批判，为我们提供了一种比柏格森关于生命冲动连续性更为丰富、更为未被挖掘的治愈性可能性（Perraudin and Rizo-Patron，2017）。在1932年的《瞬间的直觉》（L'Intuition de l'Instant）一书中，巴什拉突破了柏格森关于时间持续性的教条，重新将瞬间定义为时间的创造性源泉，而非仅仅是时间流的抽象切割。瞬间对巴什拉而言不再是时间的几何点，而是时间的创造性源泉。他通过对瞬间和边缘的理解和运用，将它们视为创造性和诗意的时间、空间形象，揭示了对时间、空间的主观体验和意义。这些时空形象不仅具有创造性，更能激发我们的无限想象和情感（Casey，2003）。

巴什拉对瞬间的不同维度的探讨，包括孤独性、边缘性、火花性和开放性，进一步挑战了柏格森持续时间概念。他通过瞬间的冒险（adventures in the instant）和瞬间的直觉（intuition of the instant），反对柏格森的连续时间

(duration)，强调瞬间如何展示时间的活力和变化。对比柏格森将瞬间视为虚假概念的观点，巴什拉认为瞬间是具有创造力和活力的时间形象，能够让我们超越自身的局限和束缚（Perraudin, 2008）。这种对瞬间的理解在巴什拉的空间诗学中得到了体现，他用瞬间来描述和分析各种空间形象，如火焰、水滴、风和云等。通过瞬间，他表达了空间的动态和多样性，以及空间与时间、物质、精神等之间的相互关系和相互作用，包括孤独瞬间、边缘瞬间、火花瞬间和开放瞬间。在这个由瞬间构成的世界中，时间和空间不再是抽象的概念，而是充满生命力和创造力的实体（Sabolius, 2017）。

巴什拉通过两个概念——共鸣和回响，为我们揭示了一种与传统不同的时间维度，这就是垂直时间（vertical time）。垂直时间是一种充满诗意的现象，与物质想象力相交融，通过节奏唤起生命感觉的经验。它超越了水平时间（horizontal time）的线性、连续和因果性，进入了创造性、多元性和开放性的时间维度。垂直时间不仅是一种诗意的存在方式，还与人类情感和记忆相联系，是对生命的综合理解。

类似地，巴什拉对边缘的思考旨在反对笛卡尔的无限空间（infinite space）概念，提出了边缘的直觉（intuition of the edge）。笛卡尔认为空间是无限而均匀的延伸，只是数学上的抽象。而巴什拉则认为，边缘是一种有形状和界限的空间形象，展示了空间最具形式和结构的部分，呈现出空间的多样性和复杂性（Kearney, 2008）。

瞬间和边缘这两种时间、空间形象都是诗意而象征的存在，能够反映出内心最深刻和最真实的状态。瞬间是一种类似于边缘的时间形象，是时间中最具有活力和变化的部分；边缘则是一种类似于瞬间的空间形象，是空间中最具有形式和结构的部分。瞬间和边缘成为我们白日梦（daydreaming）的场所，是一种超越现实和理性的创造性活动，让人类自由地探索内心的空间。在这垂直的时间维度和边缘的空间形象中，我们找到了生命的多元性与韵律。

2.4.4 巴什拉与诠释学

为了更深刻地领略巴什拉的诗意诠释学，我们可以将其与伽达默尔的诠释学进行比较。首先，二者对语言和诗意想象的探讨既互为补充又形成对话。巴什拉和伽达默尔认为语言不仅仅是表达和沟通的工具，更是一种创造性力量；语言具有打开新可能性和视野的能力，引领我们超越常规，踏入更为丰富多元的世界。巴什拉提出的新诗意（neopoetics）和伽达默尔的有效历史性（effective-historical consciousness）都强调了语言的创造性（Rizo-Patron，2017c）。

其次，二者均将诗意想象看作一种直觉力量，而非理性力量。他们一致认为诗意想象有能力揭示事物的深层含义，引导我们接触更真实更美好的世界。例如，巴什拉《火的精神分析》中的火焰直觉（intuition of fire）和伽达默尔《艺术与真理之美》中的艺术直觉（intuition of art）都强调了诗意想象的直觉性。

再次，巴什拉和伽达默尔将对话视为互动力量的理念同样相似。他们认为对话有助于理解和共感，能够使我们与他者建立联系，从而丰富并扩展我们的视野和经验。《水与梦》中水的对话（dialogue of water）和《理解的问题》中理解的对话（dialogue of understanding）展示了这一观点。

最后，两位哲学家在语言和诗意想象的思考中都通过活着的逻各斯（living logos）表达了生命的声音与共鸣。他们认为生命是一种动态而多样的现象，应通过语言和诗意想象来呈现和体验，而不是通过概念和理论来定义和解释。巴什拉在《火的精神分析》的活着的逻各斯和伽达默尔在《真理与方法》中的生命世界（life-world）都凸显了这一理念。

巴什拉和伽达默尔之间的对话不仅丰富了我们对语言和诗意想象的理解，还启示了我们对生命本质的探索。他们之间的张力和挑战，如对诗意想象的个人性与社会性、多样性与统一性、瞬间性与持续性等方面的差异，尤其值得关注。这种对话既有交融之美，也有独特之声，为我们提供了更为深刻的思考空间。

参考文献

庞艳，2022.《空间的诗学》中"家宅"形象的建构[J]. 中国民族博览，21：42-44.

Bachelard G, 2014. The Poetics of Space[M]. London：Penguin Books.

Casey E S, 2003. The Difference an Instant Makes：Bachelard's Brilliant Breakthrough [J]. Philosophy Today，47（5）：118-123.

Casey E S, 2017. Missing Land：Between Heidegger and Bachelard[M]//Bachelard G. Adventures in Phenomenology. New York：SUNY Press：225-236.

Chimisso C, 2017. Gaston Bachelard's Places of the Imagination and Images of Space[M]//Janz B B. Place, Space and Hermeneutics. Cham：Springer：183-195.

Jones M M, 2017. Adventures of Consciousness：Bachelard on the Scientific Imagination[M]//Bachelard G.

Adventures in Phenomenology. New York：SUNY Press：83-90.

Kearney R，2008. Bachelard and the Epiphanic Instant[J]. Philosophy Today，52（Supplement）：38-45.

Mazis G A，2017. Bachelard's Poetic Ontology[M]//Bachelard G. Adventures in Phenomenology. New York：SUNY Press：127-140.

Perraudin J F，2008. A Non-Bergsonian Bachelard[J]. Continental Philosophy Review，41（4）：463-479.

Perraudin J F，Rizo-Patron E，2017. Bachelard's "Non-Bergsonism" [M]//Bachelard G. Adventures in Phenomenology. New York：SUNY Press：29-47.

Préclaire M，Rizo-Patron E，2017. Bachelard's Open Solitude[M]//Bachelard G. Adventures in Phenomenology. New York：SUNY Press：259-269.

Rizo-Patron E，2017a. Introduction：Bachelard's Living Philosophical Legacy[M]//Bachelard G. Adventures in Phenomenology. New York：SUNY Press：1-16.

Rizo-Patron E，2017b. Bachelard's Hermeneutics：Between Psychoanalysis and Phenomenology[M]//Bachelard G. Adventures in Phenomenology. New York：SUNY Press：107-126.

Rizo-Patron E，2017c. Sounding the Living Logos：Bachelard and Gadamer[M]//Bachelard G. Adventures in Phenomenology. New York：SUNY Press：197-209.

Sabolius K，2017. Rhythm and Reverie：On the Temporality of Imagination in Bachelard[M]//Bachelard G. Adventures in Phenomenology. New York：SUNY Press：63-80.

Smith R C，2016. Gaston Bachelard，Revised and Updated：Philosopher of Science and Imagination[M]. New York：SUNY Press.

Talcott S，2017. Environmental Politics in Light of Bachelard's Elemental Poetics[M]//Bachelard G. Adventures in Phenomenology. New York：SUNY Press：237-257.

Vydra A，2014. Gaston Bachelard and His Reactions to Phenomenology[J]. Continental Philosophy Review，47（1）：45-58.

Wirth J M，2017. The Heat of Language：Bachelard on Idea and Image[M]//Bachelard G. Adventures in Phenomenology. New York：SUNY Press：167-196.

Zwart H，2020. Iconoclasm and Imagination：Gaston Bachelard's Philosophy of Technoscience[J]. Human Studies，43（1）：61-87.

第3章 肯尼斯·怀特的世界-地理诗学

3.1 大西洋边缘的诗性：大西洋的感召

3.1.1 肯尼斯·怀特的生平

肯尼斯·怀特（Kenneth White，1936~2023）是位在时间的旋涡中谱写生命旋律的苏格兰诗人和学者[①]。他的人生从苏格兰的戈尔巴尔（Gorbals）起始，童年和青春则沐浴在艾尔郡（Ayrshire）海岸的费尔利（Fairlie），这是他父亲任职铁路信号员的小镇。百转千回的命运之舟在格拉斯哥大学扬帆，英语文学和哲学的学士学位是他航程的第一个航标。随后，他跨越国度，在巴黎索邦大学攀登比较文学的高峰，收获了博士学位。这位行者曾在法国图卢兹大学、加拿大魁北克大学执教，也曾漂泊于美国、日本和中国等地。格拉斯哥大学、爱丁堡大学和开放大学为他戴上荣誉博士学位的桂冠，而苏格兰皇家艺术院则奉上荣誉会员的称号。近年来，他与妻子玛丽·克劳德（Marie Claude，翻译家兼摄影师）在布列塔尼北海岸共度时光[②]。

1959年至1963年间，怀特购得了法国阿尔代什（Ardèche）地区的古尔古奈尔（Gourgounel）农场，并陶醉于那里的夏日和秋意，为《来自古尔古奈尔的信》刻下了诗篇。1963年，他回到格拉斯哥大学，担任法国文学讲师，一直到1967年。然而，对当代英国文学和诗歌的失望让他怀抱着更远大的理想，辞去了大学职务，前往法国西南部的波城（Pau）教授英语。但他因参与1968年5月的学生抗议活动而被波尔多大学开除。离开波尔多后，怀特留在波城，徜徉在寂静的比利牛斯山脉，直至他迁往布列塔尼北海

[①] 非常遗憾的是，就在本书撰写的过程中，当代苏格兰著名思想家、地理诗学的奠基人怀特逝世于2023年8月11日。

[②] https://www.geopoetics.org.uk/kenneth-white-biography/。

岸，孕育地理诗学的思想。在巴黎索邦大学，他担任20世纪诗歌学的教授，为思想的花朵赋予滋养。

1989年，怀特创立了国际地理诗学研究所，将他过去十年在跨文化、跨学科研究领域的努力推向更远的高度①。他明确定义了地理诗学："地理诗学是一种在地球上寻找新生活方式和新思维方式的尝试。"《蓝色之路》(*The Blue Road*)、《在苏格兰的土地上》(*On Scottish Ground*)、《跨越领土》(*Across the Territories*)等代表了怀特的地理诗学，而他编撰的《地理诗学：地方、文化、世界》(*Geopoetics: Place, Culture, World*)进一步绘制出这片思想的疆界。2005年10月，他在苏格兰高地和群岛进行了一系列关于地理诗学项目的演讲，文字被汇聚成《在大西洋边缘》②。这位散文家与地球对话，开拓新的思维疆域。他的文字如一叶孤舟，在时光的江河中起伏，流转着来自古尔古奈尔的真挚，如北大西洋的波涛，如比利牛斯山脉的悠扬。他的笔尖是星辰，铺展出地理诗学的星空（Hashas，2017）。

3.1.2 地理诗学的诞生

1979年，肯尼斯·怀特穿越拉布拉多的圣劳伦斯河北岸，突然间，他触及一片地理思维的无垠海洋，这就是地理诗学的诞生地。这一观念并非突如其来，而是源于他早年在生活中的探索：白色世界（the white world）、生物宇宙诗学（the poetics of the biological universe）犹如大地的千层波纹，在思维的汪洋中逐渐聚拢③。1979年之前，已有一些人对大自然抱有深切情感，如凯尔特僧侣、萨满和美洲原住民，他们以自然为笔，书写了一首首自然的诗篇。怀特以其独特的思考方式将这些散碎的观点整合成了地理诗学④。

怀特坦言，他的思想之花源自艾尔郡海岸费尔利的成长岁月，那片土地

---

① https://www.geopoetics.org.uk/kenneth-whites-works/。
② https://www.institut-geopoetique.org/en/audio-recordings? limit=4&start=0。
③ 怀特在1967年写的《进入白色世界》（"Into the White World"）一文，后来收录在1998年出版的《在苏格兰的土地上》(*On Scottish Ground*)一书中，书中概述了许多后来成为地理诗学的元素。见 https://www.geopoetics.org.uk/kenneth-white/。
④ 1990年，怀特在《地理诗学评论》(*The Geopoetics Review*)第一期上发表了一篇文章《来自地理诗学工作室的信》（"Letter from the Geopoetic Studio"）。他回顾了自己从20世纪60年代开始探索地理诗学的过程，以及他如何从不同的文化和思想资源中汲取灵感和启发，如中国的道家、印度的泰戈尔、美洲的印第安人、欧洲的希腊化时期等。他强调地理诗学不是一种简单的回归自然或逃避现代文明的态度，而是一种寻求与自然、文化、自我和宇宙之间的新关系和对话的态度。

赋予他对海岸、树林、山丘和荒原的深深热爱，这是一份与生俱来的情感。如《乌鸦沉思录》（"Crow Meditation Text"）中所言，地理诗学是在地球上进行的诗意活动，是对地球有机、动态、多样、统一的系统的认知与感知，是对人类作为地球一部分的深刻思考与行动。

他的思想之旅遍布世界各地；对其他文化的研究，使得他的思想更为丰富。他就像一位现代阿基米德，在地球的海洋中寻找着思想的浮标，将分散的观念、零碎的实践逐渐融汇，成就了地理诗学。正如穆罕默德·哈沙斯（Mohammed Hashas）所言，怀特不仅是一位伟大的诗人和思想家，更是一位卓越的教师，他的力量能够唤醒他人对世界的新看法，重新述说世界的美丽（Hashas，2017）。

为什么需要这种重新呢？怀特认为西方的思维和行为在过去2500年中造成了人类与自然世界的分离[①]，甚至是巨大的失落。我们沉溺于自己创造的墙壁中，与自然世界隔绝，一片寂静。当代文化陷入了寂静的危机和僵化中，变成了沾满尘埃的老旧画卷。而地理诗学恰好可以成为一支画笔，试图挥洒出新的色彩，给予这幅画以新的生机：一个不再是西方或东方的世界，而是一个简单的世界，一个新的全球性的语境和视野。

地理学作为一门研究时间、空间、人类、社会、自然等主题的学科，可以像桥梁一样为我们提供通往重新认知的道路，搭建起新的语境和视野。而地理诗学则是在此基础上发展出的一种新的诗学，是一种对于世界的感知、思考和表达的方式。这种新的诗学具有以下特征：①地理诗学不是一座封闭的岛屿，而是一片开放的海洋，是一场对未知领域的冒险，是一种不断追寻的态度和实践。②地理诗学不是一栋孤立的建筑，而是一座跨越多个学科并联通人文、社会和自然的桥梁，使得不同领域之间交流并合作。③地理诗学不是对过去的简单重复，而是一种创新的思维方式，是对未来的创造性构想，也是对知识的重新发现和创造的过程[②]。

这种新的思想和实践将宇宙视为一个潜在的整体，一种以地球为中心的

---

① https://www.geopoetics.org.uk/geopoetics-in-a-time-of-catastrophic-crisis-the-fourth-tony-mcmanus-lecture-by-richard-roberts/。

② 《大西洋岸：地理诗学起源的一封信》是一篇由肯尼思·怀特写于1989年的文章，内容包含作者对于地理诗学（geopoetics）这一概念和运动的介绍和阐释，也包含作者对自己的创作和思想的回顾和展望。作者在这篇文章中，首先回顾了他在1979年开始从历史和文学的文本中走出，寻找一种空间诗学的起点和动机。

诗学，试图统一知识的不同领域。人类需要重新找到对世界、空间、光和能量的感觉，这是一种理性的、通过发展知识来理解世界的感觉，也是一种感性的、通过运用我们所有的感官来与世界相协调的感觉①。地理诗学是对这种感觉的一种诗学的表达，它试图以不同方式来反映现实的生活方式，包括日常交流、写作、视觉艺术、音乐等各种形式，也包括科学和思想的结合。总的来说，地理诗学是一种超越传统学科界限和文化隔阂的创造性的思维方式，它旨在恢复人与自然、人与人、人与自我之间的沟通和和谐。这是一场宇宙的交响曲，在地理诗学的指挥下，各种音符交织出和谐的旋律，让我们重新融入这个广袤而神秘的世界。

3.1.3 国际地理诗学研究所

国际地理诗学研究所的雏形是怀特在法国大西洋沿岸一个小村庄中设立的地理诗学的工作室（Geopoetic Studio）②。这个工作室设于一座隐秘的石屋，屋内有地图、日志、书籍、画笔等装饰。这里不仅是地理诗学的孵化场，更是对大西洋沿岸风景和氛围进行感知和表达的传感器。怀特在工作室中使用的地图，不只是纸面上的线条和符号，更是一张神秘的图谱，展现着大西洋的脉络。他的日志也不仅是文字的堆砌，还是时光的胶卷，记录着对海风、山影、荒原的深刻思考。书籍像是魔法药瓶，满载着古老智慧的液体，为他灌注诗意的力量。

这个工作室不仅仅是怀特个人的创作天地，更是一个集思广益、合作共生的平台。这里发生的一切是心灵的对话，超越了空间的限制，成为地理诗学者共同思考和创造的源泉。通过这个神秘的石屋，怀特工作室发起了一系列地理诗学活动和项目，如《地理诗学评论》（*The Geopoetics Review*）的问世、地理诗学研讨会的召开和苏格兰地理诗学中心的创建。

国际地理诗学研究所于 1989 年由怀特正式创立③。在 1989 年的创刊词中，他的字里行间透露着对地球生态圈脆弱性的担忧，和对最丰富诗学源泉的追求。他之所以创立研究所，正是因为他认为地球之美和人类创造的最丰富的诗学紧密相连。他设想着一个统一的领域，一个超越国界和文化的地理

---

① Geopoetics News 12 October 2020-Scottish Centre for Geopoetics. https://www.geopoetics.org.uk/geopoetics-news-12-october-2020/。
② https://www.institut-geopoetique.org/en/founding-texts/108-letter-from-the-geopoetic-studio。
③ 为了全身心投入自己的写作，怀特后来将所长一职交给雷吉斯-普莱（Régis Poulet）。

诗学网络，以推动地理诗学的全球发展。

怀特的工作室也成为了国际地理诗学研究所的分支机构，与全球各地的地理诗学中心保持着联系和交流。这是一种能量的网络，将各个中心的知识领域汇聚在一起，共同关注地球，共享项目，为人类对地理诗学的理解提供更广阔而多元的视野。其中，苏格兰地理诗学中心成为了影响最为深远的一支力量。

国际地理诗学研究所通过鼓励学者进行多学科交叉研究，将文学、哲学、地理学和生态学等知识融合，探索人类与地球之间的复杂关系。这不仅是一种跨学科的方法，更是一种对地球空间和人类角色的全面、深刻理解。研究所通过组织学术研讨会、研究项目、艺术活动和创意书写工作坊等，推动地理诗学的研究。这些活动旨在激发人们对地球、空间和自然环境的深刻思考，以及对人类在其中的创造性表达。这是一场超越时空、连接灵魂的交响曲，在这个研究所的指挥下，不同的音符奏响出对地球的独特赞歌，为重新探索与自然的和谐共生之道提供了可能性。

3.2 怀特的地理诗学理论

3.2.1 地理诗学的哲学基础

在苏格兰大学，怀特沐浴在哲学的深沉思辨中，对存在主义、法国哲学和东方哲学产生了浓厚的兴趣。这些思想交织成他对地球、空间和人类存在的独特思考。尤其是法国哲学家让-保罗·萨特和西蒙·德·波伏娃的思想，如一缕清风吹动了他对世界的观念[①]。他的地理诗学以其超越传统界限的哲学基石，勾勒出一片全球性、多元性、整体性和创造性的风景。地理诗学不仅是对自然、文化、自我和宇宙关系的重新编织，更展现了一种新的生活方式和思维方式。在怀特眼中，传统的哲学、科学、艺术和宗教像一套沉重的枷锁，限制了人们的视野，扼杀了创新的火花。于是，他倡导白色世界的理念——一个没有预设且具有开放、清晰、敏感、创新的世界观，与其配套的是游牧思维（pastoralist thinking）的方法——一种自由、灵活、多样和探索的思维方式。

[①] 怀特地理诗学的哲学基础和方法论是在他的一些论文和书籍中阐述的，包括《历史之路》（"On the Highway of History"）、《地理诗学：一种科学的方法》（"Geopoetics：A Scientific Approach"）等。

地理诗学并非对自然的简单回归，也不是对现代文明的盲目逃离，而是对自然、文化、自我和宇宙展开新的关系和对话的探索。怀特的新历史观不再仅仅将历史视为一系列事件和事实，而是将其定义为一场与地球、自然、人类和宇宙相交织的创造性过程。历史在他的眼中，是一片开放、动态、多元和整体的现象，不再封闭、静止、单一或分裂。

在世界的交响曲中，怀特从两个方面进行了分析，指挥着哲学的交响乐章[①]。一是历史的形式：怀特对传统的历史观提出了一场批判，犹如对旧日遗憾的抒怀。他挑战那线性、单向、单中心和单维的历史图景，指出这种观念对历史复杂性、多样性和变化性的视而不见。他提倡一种非线性、双向、多中心和多维的历史观，将历史视为由多个交织因素和层次构成的绚丽图景，如时间、空间、文化、社会、心理等。他认为历史是一场环环相扣的螺旋式循环与前进，是一次次的重复与创新。二是历史的内容：怀特指出传统历史观忽视或曲解的重要历史内容，仿佛在指引我们寻找被埋没的珍宝。地球的演化、人类的起源和迁移、文化的交融与碰撞，这些不容忽视的元素构成了历史的基石，而非次要或外围的现象。他强调了被掩埋或被消隐的历史主体和力量，如女性、少数民族、艺术创造等。这些主体和力量并非历史的附庸，而是推动历史发展和变革的重要推手。

怀特特别强调地理诗学并非纯理论或抽象的思考，而是一种需要在实际生活和创作中体现的哲学。他呈现了地理诗学的具体实践和创作，如在各地区文化交流中开展的地理诗学探索与写作，以及地理诗学者和机构间的紧密合作与交流。这些实践揭示了地理诗学对当代社会和人类发展的深远意义和价值，以及在面对一系列挑战和困难时所显现的韧性。地理诗学是应对当今危机、寻找新可能性的锐器，为新生态觉醒、文化多元共融、人类尊严的维护和智慧的创造等贡献了思想的养分。

地理诗学与其他当代思想交织，如生态批评、后现代主义、后殖民主义等。这种交融犹如大地上不同河流奔腾汇聚成的激流，共同关注着自然和文化的多样性，对西方中心主义和现代性危机进行挑战，追求全球正义和和平，以及对宇宙整体性的共鸣。怀特站在这些思想的交汇处，将地理诗学视为一场超越运动：不受任何既定理论或意识形态的桎梏，随着情境的变迁灵

[①] 怀特在1989年撰写的文章《历史之路》（"On the Highway of History"），反映了他对历史和地理之间关系的哲学思考。

活调整并不断创新,犹如一只自由的飞鸟。地理诗学不只是对问题的批判和分析,更注重为应对挑战提供富有创意和建设性的解决方案;不仅为改变现有世界,更为创造一个崭新的天地。

地理诗学需要超越学科和文化的壁垒。这是一种整合性的思维方式,像在大地上铺展的彩虹,能够将科学与艺术、理性与感性、本土与全球、历史与未来巧妙地连接在一起。同时,地理诗学是一种实践,不满足于停留在理论的高塔之巅,而是深深扎根于实现个体和社会变革的土壤。这便是地理诗学的目标和价值所在:首先,地理诗学的目标是勾勒一个世界(a world),一个融合全球性与本土性、多元性与整合性、创新性与实用性的语境和视野。其次,地理诗学的目标是创造一个世界(a worlding),通过感知、思考和表达时空关系,形成一种独特的世界观和生活方式。最后,地理诗学的目标是实现一个世界(a worldhood),通过与自然、社会和文化等各个层面的时空互动,达到世界感和生命感的统一①。

3.2.2 地理诗学的理论要素

地理诗学的理论犹如丰富多彩的宇宙,包含了一系列基本概念和要素,其中知识游牧思维、开放世界、白色世界、知性之旅等如星辰般在思维的夜空中闪耀。接下来本节将以散文的笔法,将这些概念编织成一幅富有想象和深度的画面②。

首先,我们迈入知识游牧(intellectual nomadism)的广袤领域,这是一场超越固有身份、边界和属地的思维之旅。我们像古希腊的智者和中世纪的犹太人、阿拉伯人、苏菲派,以及现代的存在主义者、后现代主义者和后殖民主义者等③沿着历史的河流穿越古今。这是一场智慧的漫游,穿越时空,探寻多元而创新的知识殿堂。

---

① 《地理诗学的大领域》("The Great Field of Geopoetics")是一篇由怀特于1992年发表在《地理人文》(GeoHumanities)杂志上的文章。见 https://www.institut-geopoetique.org/en/founding-texts/133-the-great-field-of-geopoetics。

② https://www.institut-geopoetique.org/en/articles-en/37-an-outline-of-geopoetics。

③ 穆罕默德·哈沙斯的著作《肯尼斯·怀特的开放世界中的跨文化地理诗学》(Intercultural Geopoetics in Kenneth White's Open World)的第三部分肯尼斯·怀特:从知识游牧到开放世界,总结了怀特地理诗学项目的核心理念、目标和贡献以及它对当代世界的意义和挑战。作者认为怀特是一位知识游牧者,他不断地在不同的地理、文化和哲学领域中寻找新的生活方式和思维方式,由此创造出一种开放世界的地理诗学。

随后，我们抵达开放世界（open world）的辽阔之地，这是基于地理诗学思想的开放性天地。在这里，我们与自然、文化、人类和自我之间建立着开放、沟通和和谐的关系[①]。我们仿佛站在古印度空性思想的山巅，感受着中国道家思想的微风，漫步于古希腊柏拉图洞穴寓言的明亮之处，还能够凭借现代科学的翅膀翱翔于艺术创作的浩瀚星空。这是一种与传统文化中心主义和民族主义对话的开放世界观，是一曲跨文化的交响，呼唤着文学超越国界，探索不同空间和文化，寻找共同的人类精神。

最后，我们迎来白色世界的奇妙境地，这是一方介于诗歌、散文和哲学之间的文本，是作者对世界的独特观察和思考（Hashas，2017）。在这白色的领域里，存在着一种独有的白色逻辑和白色能量。透过白色逻辑的透镜，怀特对康德、尼采、海德格尔、杜拉斯等思想家和作家进行了深刻的评论和赞扬。这些思辨如雪花般纷飞，展现着对人类精神和文化的探索，同时表达了对传统学术和意识形态的反对和拒绝。而白色能量则是作者对创作过程和目标的阐述和说明，以及对未来世界的展望和期待。在这片白色的创作疆域里，诗歌和文学是一轮新生的太阳，照耀出地理创作的活力和可能性。

在这个广袤的知识天地中，怀特与地理学的交汇点显得格外密切[②]。在欧洲，他在苏格兰、法国及其他国家漂泊与写作。与兰波、梵高、尼采、荷尔德林和海德格尔等伟大思想家的关联如同交织的河流一般，为他灌溉着对自然、艺术、生命和思想的敏感与深刻理解。他对这些人并非只有单纯的崇拜，还有对其局限性和矛盾性的深刻洞察。

地理诗学的精髓在于对诗的执着与发掘。这不仅是对传统诗歌形式的热爱，更是对广义的诗意的认同。在地理诗学的世界里，诗意并不局限于传统的诗歌，而是融入了散文、小说、哲学和科学等各种文本中。这催生了一种新的文学类型——地理诗歌（geopoetry），一种将地理知识和诗意交融的写作方式（Bowd et al.，2005）。地理诗歌旨在创造一种开放、流动、多元而整体的世界观，通过诗意的表达，描绘对地球的感知与认识。这并非仅限于对自然景观的描绘，更包含对自我和历史的深刻反思，是一种对存在意义的

[①] 《肯尼斯·怀特的开放世界中的跨文化地理诗学》一书的导言介绍了怀特的开放世界的概念、特征和目标以及它与其他形式世界观的区别和联系。
[②] 《肯尼斯·怀特的开放世界中的跨文化地理诗学》一书的第二部分领域和轨迹：与道路的伴侣们探讨了肯尼斯·怀特在欧洲、美洲和亚洲的地理、文化和哲学之旅，以及他与这些地区一些重要思想家和诗人的交流和对话。

细致探索。

3.2.3 地理诗学的主要方法

怀特总结了四种地理诗学所采用的方法，即在世界上游走的方式（a way of wandering in the world）①，具体包括以下几个步骤：①脱离（departure）：指打破固定的思维框架和限制，从传统的文化模式和思维方式中解脱出来，寻求新的视角和可能性；②探索（exploration）：指在不同的空间和时间中进行旅行和研究，收集和分析各种地理、历史、文化和社会等方面的资料和信息，建立和扩展自己的知识和经验；③创造（creation）：指利用所获得的资料和信息，以及自己的感受和想象，创作出具有诗意的文本和作品，表达自己对世界的理解和态度，以及自己的个性和风格。

地理诗学的方法论是一场透过诗意的镜头来感知并表达地球之道的实践，包含着几个独特的维度。首先是白色世界的思想，展现出一种没有预设的、开放的、清晰的、敏感的、创新的世界观和生活态度。这是一种如白纸般洁净的思维，一片空白，等待被诗化的表达。而游牧思维则是一种不受束缚的、灵活多样的、探索的、知性的思维方式。这是一场在思想草原上自由驰骋的旅程。知性之旅则是这场实践的灵魂，是在异域中感知和表达的方式。它并不局限于诗歌的领域，而是涵盖了诗歌、散文、小说、绘画和摄影等多种艺术形式。通过这些艺术形式，对空间和地方的感受和想象得以淋漓尽致地表达。其次，地理诗学采用了一种在世界上游走的方式。这不仅是从传统文化模式和思维方式中解脱的过程，更是一个脱离固定思维框架和限制，寻求新视角和可能性的旅程。再次是探索，通过在不同的空间和时间中旅行和研究，收集和分析地理、历史、文化和社会等资料信息建立和扩展自己的知识和经验。最后是创造，利用所获得的资料和信息，以及个人的感受和想象，创作具有诗意的文本和作品，表达对世界的理解和态度，展示自我的个性和风格。

3.2.4 地理诗学的主要观点

地理诗学是怀特提出的哲学性思考框架，是一种融合了地理、诗学和哲

---

① 《地理诗学：一种科学的方法》（"Geopoetics：A Scientific Approach"）是一篇由怀特在1989年发表的文章，讲述了他对地理诗学作为一种跨学科和跨文化的研究领域和实践方式的理论阐述。

学元素的思想体系，旨在超越文化、国界的限制，重新思考人类与地球之间的关系，并通过创造性的表达与地球建立更为深刻的联系。地理诗学的核心观念是将地球视为一个有机的整体，强调人类与自然环境的紧密关系，并通过跨学科的方法和诗歌表达，探讨人类在这个多元化世界中的角色和责任[1]。

地理诗学将地球视为一个纷繁多彩、不断蜕变的存在，超越了表面的静谧，成为一个蕴含生命律动的有机体。怀特的观点引领人们要远离对地球的肤浅认知，而是要深入挖掘深邃多元的内核。地理诗学试图跳脱狭隘的人类中心视角，将地球置于宇宙的广袤背景中，呼吁我们透过文化的窗口、越过国界的限制，重新审视自身在星辰间的存在。

怀特在地理诗学中巧妙融入了一系列哲学的精髓，涵盖存在主义、现象学和生态学等领域，使地理诗学更具探究性和沉思深度。地理诗学紧密联结地理与诗学，强调创造性表达与地球之间的千丝万缕。怀特坚信，通过诗歌的奏鸣，我们能够更深层次地理解并表达自己与自然和地球间的关系。地理诗学试图摧毁学科的壁垒，将地理学、哲学和诗歌有机融合。这一整合的观点强调多领域的合作，唯有通过学科的跨越性对话，我们才能更全面地理解地球与人类的共舞。

地理诗学的目光聚焦在人类与自然环境的融合之上，拒绝将自然与人文割裂，并坚信人类文化、历史和地理环境共同编织着一幅丰富多彩的图卷。怀特特别关注身体与地理空间的互动，将身体的感知视为解锁地球奥秘的关键之一。通过身体感官，我们能更深层次地领悟自己与地球交织的关系，从而汲取创作的灵感。

地理诗学鼓励跨文化的对话，推动着思想边界的扩展。怀特主张我们要超越狭隘的文化和语境，追寻普遍的人类经验，并从不同文化传统中汲取智慧和灵感。他强调漫游和巡游的重要性，即在地球的广袤中自由徜徉，亲身体验不同文化、地理和自然环境，为个体和集体的心灵注入养分。地理诗学坚信，诗歌是一种足以超越语言和文化障碍的表达形式。怀特通过诗歌的吟诵，呼吁我们通过创作来更深层次地表达对地球的感知，构筑起一座共通的、理解自然的桥梁。

---

[1] 怀特的《地理诗学：一种科学的方法》阐明了地理诗学的定义、内容、目标和方法，以及它与其他相关概念和领域的区别与联系。他认为，地理诗学是一种基于对地球、自然、人类和宇宙之间关系的认识和探索的创造性活动，既有科学的精神，也有诗意的表达。

地理诗学还深入探讨了环境伦理。它强调人类与自然界相互依存，我们与地球互动时应怀着敬畏和尊重的心态对待环境。地理诗学主张通过实地考察、旅行、亲身观察和体验来深化对地球的认知，使得理论思考与实际经验相得益彰，让人们更加深刻地理解自然环境的多样性和复杂性。在这个交融的世界中，地理诗学如同一片富饶的土地，我们只需用心耕耘，便能收获思想的丰盈果实。

3.3 世界-地理诗学与哲学拓扑/地形学的交汇

3.3.1 基本领域：思想、诗学、世界

怀特和当代著名哲学家、现象学家杰夫·马尔帕斯（Jeff Malpas）有过一场意义非凡的对话，形成了一部名为《基本领域：思想、诗学、世界》（*The Fundamental Field: Thought, Poetics, World*）的著作。这本书记录了两位大师在怀特布列塔尼海岸的家中进行的为期四天的对思想与诗歌的探讨。受到从约翰·邓恩（John Donne）到荷尔德林（Hölderlin）的诗人，以及从尼采到海德格尔的哲学家的启发，他们深入探讨了世界、地方、叙事、语言和政治等诸多议题。这场对话源自两个思想体系的交汇：怀特的地理诗学和马尔帕斯的哲学拓扑/地形学（philosophical topology/topography）[1]。他们一同勘探了一个基本的领域，即诗歌和哲学的根源，呈现出了一幅跨越思想的图景。

在这本书中，怀特以马尔帕斯的哲学拓扑/地形学为参照和焦点，审视了哲学和诗歌的危机与灾难，主张需要用一种崭新的思考方式来理解和塑造世界[2]（Malpas and White, 2021），并致力于共同打破传统的形而上学和逻辑，追求一种根本的领域，即诗歌和哲学的根源。怀特认为，这个基本领域是一个具有开放性、动态性、多元性、有机性和创造性的空间，它不受任何固定范畴或规则束缚，而是由无数可能性和联系交织而成。怀特将这个基本领域定义为地理诗学，并以此为基石展开了他自己的诗歌创作和理论。此外，怀特在文章中提出了一系列具体的概念，如地方、景观、氛围、风格

---

[1] 哲学拓扑/地形学是一种关注地方、空间和界限的哲学方法，它认为人类的存在和理解都是在特定地方而非抽象或普遍的世界中发生和形成的。

[2] 《基本领域：思想、诗学、世界》一书由两篇文章组成：第一篇是怀特对马尔帕斯的评论，第二篇是马尔帕斯对怀特的评论。书的结尾还附有怀特三首新作的哲学诗。

等，以说明他如何在诗歌中展现和表达世界。怀特在书中既展示了他对马尔帕斯的哲学拓扑/地形学的理解和评价，也呈现了他独特的诗歌视角和方法。

除此之外，怀特提倡用地理学的视角来剖析文学作品中的空间呈现和意义。他认为，文学作品不仅是对现实的再现，更是对世界的创造，通过展示不同的地方、景观、氛围和风格，来形塑独特的地理想象。地理诗学有助于我们理解文学作品如何与历史、文化、政治和社会等诸多要素相互交织，以及这些要素如何塑造我们对世界的认知和感受。地理诗学不仅适用于描述具体的地方，也能应用于描绘抽象的空间，如心灵、记忆、梦境等。怀特认为，这些抽象空间是文学创作的成果，也是我们与世界沟通的方式。

3.3.2 怀特对马尔帕斯的哲学拓扑/地形学的评论

怀特的在菲尼斯特拉谈拓扑学（"Talking Topology in the Finisterras"）是《基本领域：思想、诗学、世界》的第一部分，该部分包括四章，是怀特对二人对话的解读。

第一天，两位大师穿越问题领域（ploughing through the problematics）。这部分介绍了怀特与马尔帕斯的初次相遇，以及两位思者在哲学和诗歌方面的契合。怀特强调，他们的共同目标是寻找一种新的思维方式，以迎合当代世界的危机和灾难，以及纷繁复杂的人类与自然、思想与感觉之间的分裂。他们深谙尼采、兰波、梭罗等思想家和作家的智慧，并同时从东方文化中获取启示。这是一场对问题的深入挖掘，直面困扰现代人类的挑战。

第二天的主题是哲学中的危机和灾难（crisis and catastrophe in philosophy）。在这一篇中，他们共同探讨了哲学史上的关键时刻，以及这些时刻对当代哲学和诗歌的深刻影响。怀特认为，从柏拉图到黑格尔，西方哲学一直试图建立一个抽象而普遍的世界观，却忽视了人类与地球、生命和存在的具体联系。他推崇尼采和海德格尔等哲学家对这种传统的批判和超越，以及他们对地方、空间和界限等概念的高度关注。这是一场对哲学根本问题的深入思考，以及对传统观念的颠覆与重构。

第三天的主题是诗歌中的危机和灾难（crisis and catastrophe in poetry）。他们穿越了诗歌历史的变革，深入探讨了荷马到济慈时期西方诗歌的制约与突破。怀特认为，受神话、历史和文化的束缚，西方诗歌缺乏对自然、生命和存在的直接感知与表达。他嘉许荷尔德林和惠特曼等诗人对这种传统的冲破和创新，以及他们对世界、地方和语言等主题的深度探索。这是一场对诗歌内在危机的解构，展现了创作精神的新生。

第四天的主题是总体视角（the general outlook）。这一章回顾了怀特和马尔帕斯之间的对话，以及他们对未来的思想和创作的展望。怀特强调了两位思者之间的共鸣与差异，以及他们各自提出的地理诗学与哲学拓扑／地形学的内在联系和独特之处。他认为，二者都致力于构建一个以地球、生命和存在为基础的思想领域，以及一种能够反映并回应当代社会和文化问题的诗歌实践。这是一场对二人对话的整体性深度总结，反映了对未来创作的探索和展望。

怀特对马尔帕斯的哲学拓扑／地形学进行了深刻的审视，并以其为参照和焦点，深入探讨了哲学与诗歌的困境，主张创造一种新的思维方式以重新理解世界[1]。其评价涵盖以下几个方面：

（1）怀特对马尔帕斯对地方、空间、时间、主体性和客体性等概念的分析表示赞赏。他认为马尔帕斯揭示了这些概念之间复杂而统一的结构，以及它们与人类经验和理解的关系。怀特对马尔帕斯强调地方概念表示认同，将其视为对现代哲学普遍存在的去地方化现象的批判，也是重新思考人类存在方式和世界观念的有益尝试。

（2）怀特对马尔帕斯对诗歌和艺术的忽视提出了批评。他认为马尔帕斯没有充分体现出诗歌和艺术在展示和创造世界方面所具有的重要作用。怀特坚信，诗歌和艺术不仅是对现实世界的再现，更是对世界的创造。它们有能力展示出不同的地方、景观、氛围和风格，形成一种独特的地理想象。诗歌和艺术是人类与世界沟通互动的关键方式，也是表达自我和探索意义的重要途径。

（3）怀特建议将马尔帕斯的哲学拓扑／地形学与他自己提出的地理诗学相结合，以创造一种更为全面和有生命力的思想。他认为，地理诗学可以帮助马尔帕斯克服在哲学拓扑／地形学中遇到的一些困难和局限，尤其是在处理历史、文化和政治等因素对地方和空间的影响，以及如何处理抽象空间与具体空间的关系方面。这种结合将为思想注入更为综合的视角，丰富其对复杂现象的理解。

---

[1] https://academic.oup.com/edinburgh-scholarship-online/book/42674。

3.3.3 马尔帕斯对怀特的世界-地理诗学的评论

有趣的是，马尔帕斯对两人四天的谈话给出了不同解读①。在他的版本中，第一天的主题是世界与地方（world and place）。马尔帕斯在这一部分介绍了他对怀特的兴趣和敬佩，以及他们对世界和地方这两个概念的共同关注。马尔帕斯指出，他们深受海德格尔和尼采等哲学家的影响，共同认为人类的存在和理解发生在特定的地方而非抽象或普遍的世界中。他们的共同目标是通过诗歌和哲学来探索人类与地球、生命和存在的整体联系，试图打破西方文明导致的人类与自然、思想与感觉的分裂。

第二天的主题是叙事与语言（narrative and language）。马尔帕斯讨论了叙事和语言在诗歌和哲学中的角色和意义。他认为，叙事不仅是对经验和事件的再建构和表达，更是经验和事件本身所具有的结构和形式。语言则不仅是描述和交流的工具，还是我们与世界、地方、自我和他者之间关系的媒介。马尔帕斯对怀特在叙事和语言上的创新和多样性使用表示赞赏，同时敬佩其对世界、地方和词汇等主题的敏锐而深刻的洞察。

第三天的主题是工作与政治（work and politics）。马尔帕斯讨论了工作和政治在诗歌和哲学中的重要性和挑战。他认为，工作不仅是为了生存而必须完成的事情，更是实现自我、展现才能、创造价值和参与社会的方式。政治则不仅是为了维持秩序而必须遵守的规则，更是为了实现正义、保护自由和促进变革而必须参与的活动。马尔帕斯对怀特对工作和政治的批判和超越表示赞赏，以及对怀特在自由、创造和变革等价值观的坚持和实践表示敬意。

第四天的主题是总体视角（the general outlook）。马尔帕斯总结评价了怀特的工作，并展望了未来的思想和创作。他强调了两人之间的共同点和差异，以及各自提出的哲学拓扑/地形学和地理诗学之间的联系和区别。马尔帕斯认可怀特的观点，两人都致力于构建一种基于地球、生命和存在的思想领域（the fundamental field），以及一种能够反映和回应当代社会和文化问题的诗歌实践（the poetics of the world）。这样的总结为整个谈话提供了深刻而全面的概览。

---

① 黑格尔与中国海鸥的相遇：地方、工作与世界（"Where Hegel Meets the Chinese Gulls: Place, Work and World"）是《基本领域：思想、诗学、世界》一书的第二部分，它以马尔帕斯对怀特的评论为主，同时反映马尔帕斯自己的思想和研究。

总的来说，马尔帕斯以怀特的地理诗学为参照和焦点，深入探讨了世界、地方、工作和语言等概念的哲学内涵和诗学表达。在马尔帕斯看来，怀特的世界-地理诗学代表一种试图超越传统形而上学和逻辑，并寻求着诗歌和哲学根源的思想。这个基本的领域是一个开放的、动态的、多元的、有机的、创造性的空间，不受任何固定范畴或规则的拘束，而是由无数可能性和联系组成。马尔帕斯将这个领域称为拓扑/地形学，并以此阐述了他自己的哲学思考和方法。

（1）马尔帕斯对怀特深刻分析世界概念表示赞赏，认为他揭示了世界不是一个抽象、统一或封闭的实体，而是一个具体、多样和开放的现象，由无数相互关联的地方组成。马尔帕斯认为怀特对世界概念的重视是对现代哲学中普遍存在的去世界化现象的批判，也是对人类存在方式和世界观的重新思考。

（2）马尔帕斯批评怀特对工作概念的忽视，认为他未充分体现出工作在展示和创造世界方面的重要作用。对马尔帕斯而言，工作不仅是一种生存必需，更是一种生命实践，可以揭示人类与自然、社会和历史等因素之间的关系，创造新的价值和意义。工作在马尔帕斯看来是人类与世界沟通互动的重要方式，也是表达自我和探索意义的重要途径。

（3）马尔帕斯建议怀特将他的地理诗学与自己提出的拓扑/地形学相结合，以形成更全面、富有生命力的思想。他认为，拓扑/地形学有助于怀特克服在地理诗学中遇到的困难和局限，例如，如何处理历史、文化和政治等因素对世界和地方的影响，以及如何处理语言与世界之间的关系。

参考文献

Bowd G P, Forsdick C, Bissell N, 2005. Grounding a World: Essays on the Work of Kenneth White[M]. Barcelona: Alba Editions.

Hashas M, 2017. Intercultural Geopoetics in Kenneth White's Open World[M]. Newcastle upon Tyne: Cambridge Scholars Publishing.

Malpas J, White K, 2021. The Fundamental Field: Thought, Poetics, World[M]. Edinburgh: Edinburgh University Press.

第4章 蒂姆·克雷斯维尔的拓扑诗学

4.1 从地理学者到诗人的转变

4.1.1 蒂姆·克雷斯维尔的生平

蒂姆·克雷斯维尔（Tim Cresswell）[①]是拓扑诗学（topopoetics）的奠基者和倡导者，他将诗歌视为创造和表达空间与地方的媒介，而地理学则是理解和构想空间与地方的途径（Cresswell，2017）。在《诗歌的地理学/地理学的诗歌》（"Geographies of Poetry/Poetries of Geography"）和《向拓扑诗学进发：空间、地方和诗歌》（"Towards Topopoetics: Space, Place and the Poem"）这两篇论文中，他详尽地诠释了拓扑诗学理论（Cresswell，2013a，2017）。此外，他还是《地理人文》（GeoHumanities）杂志的创始主编之一，这是一本致力于探讨地理学和人文学科之间交叉与合作的国际期刊。克雷斯维尔的重要著作包括《地方：简介》（Place: A Short Introduction）、《流浪者在美国》（The Tramp in America）、《在地方/在非地方：地理学、意识形态和越轨》（In Place/Out of Place: Geography, Ideology and Transgression）、《地理思想：批判性导论》（Geographic Thought: A Critical Introduction）、《在路上：现代世界的流动性》（On the Move: Mobility in the Modern World）、《麦克斯韦尔街：写作和思考地方》（Maxwell Street: Writing and Thinking Place）。而他的主要诗集包括《土壤》（Soil）、《围栏》（Fence）、《塑料石》（Plastiglomerate）。

在《诗歌的地理学/地理学的诗歌》一文中，他反思了从地理学家转变

[①] 蒂姆·克雷斯维尔是一位英国人文地理学家和诗人，曾任爱丁堡大学的奥格尔维人文地理学教授。他的研究和著作主要关注空间、地方和流动性在社会和文化生活中的作用和影响。他也是地理学界广受赞誉的诗人，出版了三部诗集。他拥有两个博士学位，一个是地理学（威斯康星大学），一个是创意写作（伦敦大学皇家霍洛威学院）。

为诗人的过程（Cresswell，2013a）。他在大学期间接触到有关文学和地理学的一系列课程和作业，如唐纳德·迈尼格（Donald Meinig）的"地理学作为一种艺术"（Geography as an Art）以及杰奎·伯吉斯（Jacquie Burgess）和彼得·杰克逊（Peter Jackson）教授的"人文主义地理学"（Humanistic Geography）。这些学科交汇的课程和作业点燃了克雷斯维尔对创造性写作和诗歌的浓烈兴趣，为他未来的地理学研究提供了灵感和素材。

直到2008年，克雷斯维尔才决定认真踏入诗歌的创作和出版领域。同年参加美国地理学会年会（AAG Annual Meeting）时，他与同行深入交流，坚定了成为诗人的决心。此后，他受到了一些地理学家和诗人的启发和鼓舞，包括大卫·哈维（David Harvey）、多琳·梅西（Doreen Massey）、约翰·金塞拉（John Kinsella）和凯瑟琳·杰米（Kathleen Jamie）等人。他积极参与一系列诗歌工作坊和诗歌节，结交了许多诗人和编辑，同时在一些诗歌杂志和出版社发表了他的杰作。在这个由地理学家转变为诗人的过程中，他直面了挑战，也抓住了机遇。

身为地理学家，他对空间、地方和景观等主题拥有敏锐的观察和深刻的理解，这些主题也常常成为诗歌的表现对象。作为诗人，他进行了对语言、形式和风格等方面的创新性探索，这些元素在地理学中也是至关重要的研究内容（Alexander and Cooper，2013）。克雷斯维尔成为一位诗人后，创作了一系列诗歌作品，如《欲望线》（"Desire Lines"）、《风景》（"Landscape"）等，以及一本关于芝加哥麦克斯韦尔街市场的书。这些作品不仅体现了他对地理学和诗歌之间关系的深思与实践，同时展现了对身份认同和位置的深入探索与表达。透过对诗歌的地理研究，他开辟了一种新的地理学视角和方法，为当代地理学和文化研究注入了新的启示和贡献。这些作品中涉及众多地方、空间和移动性等概念，并展示了如何通过诗歌的语言和形式来传达对这些概念的理解和感受。这是一场充满韵律的心灵奏鸣，为地理学的叙事赋予了崭新的旋律（Cresswell，2013a）。

4.1.2 拓扑诗学的思想脉络

克雷斯维尔在2017年发表了一篇文章《向拓扑诗学进发：空间、地方和诗歌》（"Towards Topopoetics: Space, Place and the Poem"），探讨了拓扑诗学（topopoetics）的核心思想和方法（Cresswell，2017）。这个词由"topos"（地方）和"poetics"（诗学）交融而成，既代表诗歌的地理学，也探讨了地理学的诗意表达。它是一种"探索诗歌如何成为地方，同时指向或参照着世界中地方的形成的诗学"。这一概念汲取了希腊语中"topos"双重含义的精髓（尤其是亚里士多德的解读），既是地方，又是适当的形式。克雷斯维尔的拓扑诗学理论深刻地探讨了地理学和诗歌之间的联系和相互影响，将诗歌视为创造和表达空间与地方的独特方式，而地理学则是理解和想象空间与地方的有力工具。

拓扑诗学的渊源可以追溯到人文主义地理学的传统。地理学与诗歌之间自有天然的联系，涵盖了一些杰出的地理学家和诗人，如亚历山大·冯·洪堡、约翰·缪尔、约翰·克拉克和丹尼尔·梅宁等。他们在不同的时代和背景下，将地理知识与诗歌创作相融合，构筑了人文主义地理学的基石。这个传统强调地方、空间和地理环境对个体与社会的深刻影响，为地理诗学后来的发展提供了理论支持。其中，段义孚的地方感理论对拓扑诗学有着深远的影响。拓扑诗学借鉴了段义孚在个体和社会对于地方感知、认同和情感方面的强调，并将其具体实践于地理诗学之中。拓扑诗学不仅承袭了这一传统，同时也反映了20世纪末地理学的空间转向（spatial turn）趋势，将研究重心转向对空间和地方在文化、社会和个体经验中的作用，为拓扑诗学的崛起提供了肥沃的土壤。

拓扑诗学中的"topo"明显受到后现代主义思潮的影响。后现代主义强调对传统空间概念的颠覆和重构，而拓扑诗学中的地方想象和非线性地理认知正是这一思潮的明显体现。这种地方想象打破了传统的线性地理认知观念，强调个体和社会群体对于地方的感知和认知是复杂而非线性的。拓扑诗学以诗歌为载体，并采用隐喻、象征和抒情等非传统的表达方式，展现了更为富有创意的地方认知，为地理学的叙事注入了新的韵律。

另一方面，拓扑诗学中的"poetics"显示了对文学理论的深刻关注。文学理论的演进，尤其是与地理和空间相关的文学理论，为拓扑诗学的塑造带来了深刻的影响，其中包含对诗歌、文学地理学、地方文学等领域的深入研究。文学地理学成为拓扑诗学思想中不可或缺的一环。它深入探讨了文学作品中地方的表达和意义，为拓扑诗学提供了一种通过文学性来解读地理的途径。地方想象通过诗歌的艺术性表达，将个体在地方的独特体验转变为诗意的叙述。这种表达方式不仅凸显了地方的感性维度，还为地方注入了更为丰富和多样的内涵。

拓扑诗学的思想渊源体现了对地理、文学、文化和哲学等多个领域理论的整合，为研究地理诗学提供了独特而富有创造性的视角。在这一过程中，克雷斯维尔汲取了亚里士多德、海德格尔、段义孚及当代地方、居住和诗学的哲学思想，以探索诗歌本身如何成为一种地方和空间，诗歌如何通过自身在纸面上的存在，在静止和流动、内部和外部之间的相互作用中创造空间和地方。拓扑诗学不仅涉及诗歌中常见的地方感（sense of place），还是一种关注诗歌中存在的各种元素及其关系的排列组合的方法，它可以揭示诗歌中存在的多样性和复杂性。拓扑诗学是地理诗学兴起的产物。地理诗学作为跨学科领域，探讨了地理空间如何在文学中得到表达，拓扑诗学通过对诗歌的分析为这一领域贡献了理论观点。拓扑诗学强调诗性的思维和表达方式，成为一种探索人与地方、空间、地球和自然的关系的跨学科研究领域。

克雷斯维尔通过对洛林·尼德克（Lorine Niedecker）的诗歌《地方颂歌》（"Paean to Place"）的深入分析，详细介绍了拓扑诗学的方法（Cresswell, 2019）[①]。他特别关注了诗歌对空间的运用和对各种边缘状态及存在物的提及。拓扑诗学揭示了诗歌如何同时成为地方并指向或提及世界中的地方。这些元素与维持地方所需的努力和劳动相互交融。这种对保护的关注使我们远离了海德格尔在他的作品中对居住作为建造的关注。拓扑诗学以其独特的文学性和与地理学的交融，为我们呈现了一场超越经典地理学的思考。

4.1.3 来自人文主义地理学的启发

伟大的思想家从不划定一条完全清晰的小路，而是以"在那里"挥手召唤并激励人们去探寻。他们无须指定目的地，每条思想之路的价值都在于行走时遇到的独特风景。段义孚先生瞄准了人文主义地理学之道。他的写作风格汇聚了诠释学与诗学的特质，却不试图范式化，也未跟随马丁·海德格尔（Martin Heidegger；现象学）、汉斯-格奥尔格·伽达默尔（Hans-Georg Gadamer；诠释学）或加斯东·巴什拉（空间诗学）的脚步。相反，他以惊人的优雅揭示了人类栖居于世的经验模糊性和矛盾性，以及自我与世界不可分割的错综复杂。

段义孚是克雷斯维尔的博士导师。1986年至1992年，克雷斯维尔在威斯康星大学麦迪逊分校（University of Wisconsin-Madison）师承段义孚学习

[①] 这篇文章既展示了洛林·尼德克作为一位杰出地理诗人的风采和成就，也展示了克雷斯维尔作为一位跨学科地理学家和诗人的创造力和批判性。文章是对洛林·尼德克这位伟大诗人的致敬和赞美，也是对克雷斯维尔自我的反思和表达。

人文地理学。在此期间克雷斯维尔受到了段义孚的悉心指导和鼓励，同时在多方面深受导师思想和风格的影响，包括导师与学生、思想家与继承者、作家与读者等多个层次和角度。段义孚是克雷斯维尔成长为一位杰出的地理学家和人文学者的重要启蒙者和引导者[1]。克雷斯维尔在继承和发展段义孚的地方思想方面，施展了自己的独特之笔。段义孚提出了恋地情节（topophilia）这一重要概念，强调地方在人类经验和身份中的关键作用，以及地方与历史、文化、政治和全球化等因素的复杂关系。克雷斯维尔在著作《地方：简介》（*Place：A Short Introduction*）中对地方概念进行了系统阐述和分析，同时深入探讨了地方与移动、权力、抵抗等主题的关联。

段义孚是一位博学多才的思想家，不仅在地理学领域有深刻见解和创新，也对哲学、文学和艺术等领域有广泛兴趣和涉猎。他是一位优秀的写作家，以诗意、温柔和深刻的语言表达了对人类与自然、历史、诗意和神圣等关系的思考[2]。段义孚的恋地情结与诗意的栖居紧密相连。人文主义地理学诉说着人们对地方的感知与情感，犹如春风拂面。在感知地理环境的过程中，个体雕刻出独一无二的情感联系。地方独特性与个体感知相互融合，交织成一幅情感共鸣的图景。地理诗学的抒情透过诗意的窗户，深度体验并表达与特定地方的深刻共鸣。在诗歌之巅，个体对地方的感知伴随着情感的澎湃，喜悦、厌恶、亲近等情感在心灵的波澜中跳跃。情感在地方感知的大海中起航，连接并深化个体与特定地方的关系，烙印下更为深沉独特的痕迹。人文主义地理学呼吁情感表达的文学手法，如诗歌、小说等，在文字的舞台上演绎，更充分地表达了个体对于地方的深刻感知和情感体验。地方性的文化表达通过文学的笔触传达，在文学和艺术中呈现对地方深刻理解和情感表达。

这些风格同样深刻影响了克雷斯维尔，使他成为了一位跨学科的学者，他不仅在地理学领域有着丰富的研究和教学经验，还在文化研究、社会理论、音乐等领域做出了贡献。克雷斯维尔同时也是一位优秀的作家和诗人，

---

[1] 《独驾航船：段义孚（1930~2022）》["Steering His Own Ship：Yi-Fu Tuan (1930-2022)"]是由克雷斯维尔撰写的纪念段义孚的文章，发表于《美国地理学家年鉴》（*Annals of the American Association of Geographers*）。文章是对段义孚这位巨人般的人物的致敬和缅怀，他以感恩和敬意回顾了段义孚的生平和贡献，以及对自己的影响和启发。文章既展示了段义孚作为一位杰出地理学家和人文学者的风采和成就，也展示了他作为一位博爱的导师和友人的情谊与品格。

[2] https://www.aag.org/memorial/yi-fu-tuan/。

以清晰、流畅和批判的语言表达了对地理学各种主题的独到见解。这段师生间的思想传承，勾勒出师者与徒弟间的深厚情感，成就了人文主义地理学的一段佳话。

4.2 克雷斯维尔的"地球工程"三部曲

4.2.1 《土壤》

《土壤》（*Soil*）是克雷斯维尔初次尝试迈入诗歌领域的杰作，收录了38首精心雕琢的诗歌（Cresswell，2013b）。这部诗集以大地为中心主题，深入探讨了人类与自然、历史与现实、身份与归属之间微妙而复杂的联系。作品以多样的视角和风格展现了大地的多面性和深远影响，体现了克雷斯维尔对"人类对地球的影响"这一主题的关心。他以细腻而有力的语言，揭示了人们在日常生活中经常忽略的事物和习惯。文本并非严厉的斥责，而是一种充满人道主义关怀的轻声呼唤。人类行走大地的表面，将其当作工具、播种的媒介或建筑的基石，却从未深思过大地是何物，其根源何在，又将走向何方。克雷斯维尔表达了人类对大地的无知和漠视，暗示了大地的复杂性和重要性，大地不仅是一种物质，更是历史和生命的承载者。通过对土壤的深入挖掘，诗人试图唤起人们对地球的敬畏之情，以及呵护地球的责任。

克雷斯维尔的诗歌以奇异为乐，往往位于自然和城市世界的边缘，包括机场候机厅、城市公园、泥泞的河边。他是街道和城市语言的鉴赏家，对城市世界有着不同寻常的看法，认为我们的城市应该被视为"不一样的忧郁"。例如，一只狐狸爬上了伦敦摩天大楼的顶端，树木离开了它们的山林来到城市，沙草在废弃的矿井中生根发芽，地质年代通过城市的破碎结构得以窥见（Cresswell，2013b）。他以丰富的表现手法勾勒出空间的多样性，描绘了空间在人类生活中的根本性和深刻影响。这些诗歌是一幅微缩的生态图景，反映了大地在自然界的无尽循环和蕴含的生命奥秘。通过对城市空间和自然界之间微妙关系的刻画，人们仿佛看到了城市喧嚣中土壤的宁静存在，以及土壤之于城市生态的不可或缺。克雷斯维尔通过诗歌赋予大地更为广阔和深刻的内涵，使其不再仅仅是生命的基石，更是超越物质的、文化和思想的承载者。

在克雷斯维尔独特的地理诗学和诗歌时间框架内，这些诗让我们重新定位自己，因为我们遇到的当代都市风景、机场、街道、家庭，都因他出色简洁的语言而变得陌生且充满疑问。土壤通过空间和光线的韵律拉长了时间，使这些诗歌的阅读体验发生了彻底的转变。诗集以多样的诗歌形式呈现，既有自由诗的灵动，又有定型诗的凝重，更有跌宕起伏的诗歌序列。这些作品既描绘了日常生活的点滴，又引用了地理学理论，展现了克雷斯维尔丰富的学识和深邃的想象。如果这部诗集是一种地质构造，那么它将是层层叠叠的，既有科学知识，又有敏捷机智的语言；既有民歌的回声，又有不伤感的生态意识；还有文字游戏，以及对日常事物敏锐而不乏善意的观察——所有这一切，被人类的温情融合成一种令人难忘的声音[①]（Cresswell，2013b）。

总体而言，克雷斯维尔的《土壤》是一部关于大地多维度和多层次的作品，不仅呈现了大地的物理和生物层面的知识，更探索了土壤在社会和文化层面的特质，以及它与人类的关系和意义。透过这部诗集，我们能更深刻地理解和欣赏大地这一元素在我们的生活和世界中所扮演的作用与价值。《土壤》是一本既富有知识性又具有美感的诗集，展示了一个多面的、动态的、有生命的地球，也呈现了一位对地球怀有敬畏、热情而又具有批判意识的诗人。

4.2.2 《围栏》

《围栏》（Fence）是克雷斯维尔的第二部诗集，也是"地球工程"三部曲中的第二部，于2015年问世。这部诗集是克雷斯维尔参与艺术家亚历克斯·哈特利（Alex Hartley）的流浪岛项目（Nowhereisland）[②]时创作的产物。《围栏》是一部奇特的诗集，其纹理呈之字形和拼图状，风景和语言都呈现出阴森恐怖的倾斜感，它诞生于北极高纬度地区深处的一道栅栏，这道栅栏将任何地方与此时此地隔开。读者在阅读这本诗集时会感受到北国之光的双重异化：获得一种强烈的视觉清晰度，同时又能意识到事物不可思议地偏离了尺度，失去了方向（Cresswell，2015）。

在这部诗集中，克雷斯维尔创造了一个概念性的文字荒野，它位于经验的外缘，自然与人类历史在此交汇。基于空间和地方的视角，他探索了围栏作为一种物质和象征的存在，如何划分和连接不同的领域，如何影响人们的

[①] https://www.wildculture.com/article/soil-interview-tim-cresswell/1208。
[②] 流浪岛项目聚焦于一个由北极冰川融化而形成的移动岛屿。在2012年的伦敦奥运会期间，该岛屿沿着英国南海岸漂流，公众受邀参与岛屿的建设和管理。见 http://www.nowhereisland.org/about/alex-hartley/。

身份和归属感，以及如何反映出社会和政治的张力。他的诗歌从不同的角度和尺度展现了围栏的多重意义和功能，既具有地理学的视角，又富有诗意的想象。这部诗集以围栏为主题，探索了围栏在不同的空间、时间和文化中的意义和功能，以及围栏如何界定、连接、分隔和保护了人类和非人类的生活。克雷斯维尔运用地理学的知识和视角，创造了一种富有节奏和韵律的诗歌语言，将围栏作为表达、抵抗、想象和创造的媒介。

从史前时代到现代社会，克雷斯维尔追溯了围栏的演变和用途，从最早的石头堆、木桩、铁丝网，到后来的城墙、边界、铁路，再到现代的高速公路、隔离墙、监狱。这些诗歌展示了围栏与农业、贸易、战争、移民、城市化等人类活动如何相互影响，探索了围栏在不同的自然和人造环境中的存在和变化，以及围栏与人类和非人类的关系和互动，揭示了围栏的象征意义和文化内涵。

诗歌描述了围栏在从全球到地方的不同地域和文化中扮演的不同角色，如边界、监狱和花园。从个人到集体，诗歌讲述了围栏在人类社会中的作用和影响，展现了围栏如何构建和维持不同的身份、阶层、权力和抵抗。通过后现代主义、后殖民主义、后结构主义、后人类主义等视角，他探讨了围栏在不同的社会和政治情境中引发的冲突和抵抗，包括种族、阶级和性别。

这部诗集是对围栏无尽意蕴的探索，是对围栏这个人类社会中既熟悉又容易被忽视的元素的一次审视。克雷斯维尔以其独特的地理学观点，通过诗歌的形式，将围栏从物质到符号、从历史到现实、从政治到诗学进行了多维度的解构。这不仅是对一个物体的赞歌，更是对人类社会与空间关系的深刻剖析，呼唤我们对围栏这种看似普通却蕴含丰富文化内涵的存在，给予更细致入微的关注。在对广袤而冰封的斯瓦尔巴群岛的探索中，他创作了一种探索性的诗歌，其严谨、简约的抒情方式综合了历史、政治和北极生态等不同主题。这部长诗与盎格鲁-撒克逊挽歌的哀伤氛围相呼应，包含了对"罗盘失灵／如此向北"的悄然离去之地的有力沉思（Rose et al.，2018）。

4.2.3《塑料石》

《塑料石》（*Plastiglomerate*）是克雷斯维尔的第三部诗集，也是"地球工程"三部曲的最后一部。诗集以环境灾难为主题，借由塑料污染、沉船、亚马孙雨林大火等现象，展示了人类对地球的影响和破坏。克雷斯维尔运用了科学的词汇和想象，创造了一种新的岩石——塑料石，它是由塑料和其他沉积物在火焰中融合而成的。塑料石是人类时代的标志，因为它包含了我们的生活习惯和疏忽的证据（Cresswell，2020）。

克雷斯维尔的诗歌风格既严谨又抒情，他以专业的目光观察世界，将宏观和微观视角交织。《塑料石》的中心诗篇是《两位魔术师》，它是对英国民间歌谣《双魔法师》的改编（Cresswell，2020）。克雷斯维尔借用它的变形主题，将其变成了一首生态抗议诗，每一段都列举了一种新的状态：鸟变成了兔子，兔子变成了筋力紧张的灰狗，单一文化的蜜蜂女王等。这首长诗的后半部分是由克雷斯维尔收集的列表组成，列表中是一头 36 英尺①长的死鲸的胃里发现的实际物品，"塑料——杂袋材料/塑料——果汁包/塑料（Capri Sun）——杂货袋"，还有油田、风的名字、气体、煤和油的形式、化学名字等。列表沿着页面滚动，有时甚至不要求读者阅读，而只是需要承认这是遭到破坏的清单。

克雷斯维尔的诗集不仅关注地方、旅行和环境责任，还关注他作为一个诗人的疏离感和作为一个地理学家的参与感。在《传说》这首诗中，诗人以这样的描述结束了他的旅行："北方，远远的北方，离你我很远，在某个冰冷的岛屿海滩上，有鲸骨，脆弱，漂白，在磁性的北极天空下。"在这本诗集的背后，是困惑于这种现实的陈述者——一个看着世界，又看着自己诗歌的作家，"想知道我到底做了什么"。这种存在的疲惫在诗歌的形式上也得到了表现，特别是在使用列表的地方。

这部诗集将生硬的科学词汇糅合进参差不齐但引人入胜的抒情诗中，在一行字的篇幅内从广阔的空间伸展到微小的细胞。这些诗歌既展示了塑料石的物质性和客观性，也暗示了塑料石的文化性和主观性。例如，克雷斯维尔用诗的语言描述了塑料石是如何由人造的塑料和天然的岩石、沙砾和珊瑚等物质融合而成的，同时也指出塑料石是如何被人类的活动和认知所创造和命名。在这个过程中，各种元素在火焰中交融，产生了一种既独特又让人心生惋惜的岩石（Cresswell，2020）。克雷斯维尔以诗意的笔触，描绘了塑料石的形态，使其不再只是科学定义中的物质，而是一种复杂的、象征丰富的实体。他以诗篇串联起环境灾难、人类活动和塑料石之间的关系。这些诗歌讲述了塑料石如何记录着人类的过去，如何成为地球演化的见证者，勾勒出塑料石在历史长河中的流转。它既是人类创造的产物，又是地球变迁的记

---

① 1 英尺＝0.3048 米，余同。

录。

然而，在对受到威胁的自然世界——从搁浅的鲸鱼到迷失的鸟类——的有力描绘中，克雷斯维尔笔下的诗歌意象所体现的人性才是最重要的：戴着外科口罩的吹叶者、蓝色指甲油、"在我口袋的热量中漏出"的生物笔。当我们破碎时，诗歌就在我们身边；它描绘和映射伤害。由于诗歌的诚实、光彩和洞察力，它将我们从泥泞或肮脏的海滩中解救出来。这是一本优美的诗集，收集了我们内心的想法，表达了我们不想知道的"关于我们这个被破坏的世界的现状"。克雷斯维尔是一位旅行者，他带着我们，用诗意的声音指出他所看到的一切，就像在我们耳边低语。气候危机在这些作品中找到了强有力的诗歌见证。这些引人入胜而又令人不安的诗歌，如实地描述了环境之美和灾难。

然而这里也有救赎，就存在于温暖的人际关系中——虽然这确实是一个"毁灭和掠夺"的世界，但它也是一个"充满爱和汁液"的地方。克雷斯维尔从更深层次探讨了这种新型岩石的意义。他不仅凸显了塑料石对环境问题的警示作用，还探讨了它在文化、哲学层面的象征和启示。这是一场对人类行为的审视，对塑料石的思考不仅反映了对环境破坏的控诉，更有对人类文明的深刻反思。

《塑料石》是一本既具有信息量又具有美感的诗集，它展示了一个处于危机中的世界，也展示了一个关心世界的诗人。克雷斯维尔总结了自己对地理诗学的看法和体会，以及它对他未来的写作实践和教学活动的影响。他认为地理诗学是一种批判性和创造性的实践，旨在挑战主流的地理知识和想象，以及它们所隐藏或再生产的权力关系。他也呼吁更多的地理学家和诗人参与到地理诗学的对话和互动中来。在这个融合了地理学与诗意的独特舞台上，克雷斯维尔展现了一种对世界的深度关切，以及对诗歌创作的不断探索和反思。这是一场地理的探险，也是一曲对生命和环境的深情独白（Alexander and Cooper, 2013）。

4.3 拓扑诗学理论

4.3.1 指向地理哲思的拓扑诗学

克雷斯维尔的拓扑诗学理论具有很强的拓扑美学或拓扑地理学特质，强调空间的关系、形状和变化，以及这些要素如何被诗意地理解和表达。拓扑诗学的理论要素直接指向地理学思想的关键问题，主要有以下方面：

（1）拓扑空间。拓扑学如同一把钥匙，打开了通往抽象空间的门。克雷斯维尔挖掘了拓扑空间的独特魅力，将它引入地理学的殿堂。与欧几里得空间关切尺寸、形状和测量的冰冷数字不同，拓扑空间是一片灵动的领域，注重物体之间的情感纽带，关心空间的变幻与连接。在这里，物体可以自由舞动，外表变形而不改变它们之间的深刻纽带。克雷斯维尔以地理学的笔墨，描绘出空间如何成为一片允许诗意演绎和抒发的领域。他呼吁我们通过文学和艺术，以更丰富的语言理解和表达这个拓扑舞台，强调艺术与文学的魔力能够引领我们深入体验和理解空间的纷繁复杂性。

（2）关系与连接性。拓扑诗学如同空间的画师，细致勾勒出事物之间微妙的关系。它并不只关注物体的相对位置、连接和邻近性，而是揭示了空间的动态和相互扶持。拓扑诗学将目光聚焦在空间的舞台变幻之上，探寻空间如何在时间的涟漪中起舞，以及这样的变幻如何弦动人们的体验和感知。在拓扑空间的舞台上，关系是其灵魂，连接性是其旋律。拓扑诗学并不沉湎于具体的度量，而是追求物体之间的连接，将拓扑空间中的边界和联系抽丝剥茧并一一呈现。例如，可以观察空间中边界的轮廓如何被刻画，如何通过连接性编织起不同区域之间的空灵音符。

（3）感知与情感。拓扑诗学如同一场感官的交响曲，描绘感知和情感在空间中的交融。克雷斯维尔或许深知人们如何透过感知和情感洞察空间的奥秘，以及这种领悟如何引导人们对环境的领悟。拓扑诗学鼓励我们以艺术和文学为探索工具，通过艺术品、文学作品及其他创作来探索空间的拓扑属性。它注重地方感与身份在空间诗学中的编织，追问个体如何通过空间的感知和体验构建身份，如何在这种编织中萌发对特定地方的情感纽带。例如，克雷斯维尔在《描绘诗歌作为方法：从卡尔·桑德堡到艾伦·金斯堡》（"Ekphrastic Poetry as Method: From Carl Sandburg to Allen Ginsberg"）中深度探讨了描绘诗歌（ekphrastic poetry）作为地理诗学方法的奥妙，通过诗歌来描绘和回应其他艺术形式，如绘画、雕塑、摄影等（Cresswell，2022）。克雷斯维尔以卡尔·桑德堡（Carl Sandburg）和艾伦·金斯堡（Allen Ginsberg）的描绘诗歌为例，解析了它们如何与被描绘的艺术作品对话，从而映照出不同时代的背景和社会议题。

（4）语言和符号。拓扑诗学是一场语言的盛宴，是符号的花园。在这里，文字、图像、音乐等方式通过抽象的表达，将空间的诗意转化为具象的文学和艺术之美。拓扑诗学讨论了空间的叙事特质，强调空间如何成为故事的背景，以及如何通过叙事来传达对空间的理解和感知。此外，拓扑诗学还可能探讨空间中权力关系、社会结构和文化差异的批判性思考，探究如何通过诗意表达对抗社会不平等，以及如何通过文学的手法推动空间中的变革。

（5）文化和社会意义。文化和社会交织在拓扑诗学的纱幕之下，像舞台上的演员，各自扮演着关于空间的多层角色。这一理论涉足地理学、文学、艺术和哲学等多个领域。克雷斯维尔倡导的观点是，空间并非仅仅是客观的地理概念，更是一个被文学性和诗意所充实的实体。透过文学和艺术的表达，拓扑诗学得以深刻理解和感知空间的精妙之处，这种多领域的贯通使得我们能够从多个视角去窥探空间的诗意内涵。

总体而言，克雷斯维尔对拓扑空间的理解使他将抽象的拓扑学概念引入到具体的地理和文化场景中。这种理解有助于超越传统的欧几里得空间概念，开启更为广阔的理解空间的方式。拓扑诗学强调审美和感性理解，将空间视为一个充满故事、符号和情感的复杂实体，通过艺术和文学的媒介表达，旨在引导我们更深层次地理解和欣赏我们所处的环境。这是一次对空间的赞歌，通过编织不同学科的和弦，我们对这个世界背后抽象的美与情感有了更为深刻的体悟。

4.3.2 拓扑诗学与世界-地理诗学的关系

拓扑诗学和肯尼斯·怀特的世界-地理诗学，是将诗歌与地方巧妙联系的两种方法，犹如开启多个领域的钥匙，适用于文学、艺术、科学、哲学、地理、环境等。这两种方法在诗歌中描绘了人类与地球联系的复杂性，呈现了居住世界的纷繁和多样性。

拓扑诗学是一种实践方法，其效果可以通过对代表性诗歌的深入分析来显现，常用于文学批评。克雷斯维尔在《向拓扑诗学进发：空间、地方和诗歌》中选择了威廉·卡洛斯·威廉姆斯（William Carlos Williams）的《红色小车》（"The Red Wheelbarrow"）、艾米莉·狄金森（Emily Dickinson）的《我住在一个小屋里》（"I Dwell in a Lonely House"）、约翰·贝里曼（John Berryman）的《梦想之歌14》（"Dream Song 14"）、伊丽莎白·毕肖普（Elizabeth Bishop）的《沙丘》（"Sandpiper"）等作品，指出这些诗歌展示了各异的拓扑结构，如边界、方向、距离、形状等，以及这些结构如何影响读者对诗歌中空间和地方的感知（Cresswell，2017）。拓扑诗学也能用于新诗创作，通过探索诗歌本身如何在页面上创造空间和地方，充满和空白、静止和流动、内部和外部，以及其相互作用关系[①]。

相对而言，怀特的地理诗学则是一种贴近日常生活的实践方法，可以通过参与各类活动来贯彻其理念。国际地理诗学研究所及其分支机构不时组织讲座、研讨会、阅读、展览、演出等活动，促进对地理诗学的理解与应用。相关活动的主题涉及文学、艺术、科学和哲学等多领域，地点涵盖苏格兰、法国、比利时、加拿大等地。地理诗学同样适用于新诗创作，通过敏感地捕捉在地球上行走时灵光一现的感悟和智慧，以及对自己和他人的态度及行为的思考。这是一种将地理与诗意交融于日常点滴的生活方式。

此外，拓扑诗学和地理诗学在对诗歌和地方的理解上还存在着差异。克雷斯维尔的拓扑诗学不着重强调诗歌中常见的地方感，而是深入探讨诗歌本身作为一种创造地方和空间的手段。他对诗歌在页面上存在的方式：空间与地方、充满与空白、静止与流动、内部与外部间的相互作用，揭示了诗歌创造空间和地方的多层面要素和复杂性。此外还有一些类似的概念，如生态诗学（ecopoetics），本书将在第六章中详细比较地理诗学与这些相似概念的异同。

总体而言，克雷斯维尔对拓扑空间的理解凸显了其在地理学和文化研究中的应用，致力将抽象的拓扑学概念融入具体的地理和文化场景。这种理解有助于超越传统的欧几里得空间概念，拓展对空间的理解方式。克雷斯维尔深入探讨了学术地理学和诗歌实践之间的交叉与影响。他认为地理学和诗歌都是关注地方和流动性的文化形式，同时具有创造性和批判性的潜力。在诗歌中，他灵活运用了地理学的术语，如欲望线、地方性、流动性、边界和景观等，以表达对空间和时间的感知与想象。

参考文献

Alexander N, Cooper D, 2013. Introduction: Poetry and Geography[M]//Alexander N, Cooper D. Poetry and Geography: Space and Place in Post-war Poetry. Liverpool: Liverpool University Press: 1-18.

Cresswell T, 2013a. Geograpies of Poetry/Poetries of Geography[J]. Cultural Geographies, 21 (1): 141-146.

Cresswell T, 2013b. Soil[M]. London: Penned in the Margins.

[①] https://www.poetryfoundation.org/poetrymagazine/articles/70299/why-ecopoetry。

Cresswell T, 2015. Fence[M]. London：Penned in the Margins.

Cresswell T, 2017. Towards Topopoetics：Space, Place and the Poem[M]//Janz B B. Place, Space and Hermeneutics. Cham：Springer：319-331.

Cresswell T, 2019. The Topopoetics of Dwelling as Preservation in Lorine Niedecker's Paean to Place[M]//Magrane E, Russo L, de Leeuw S, et al. Geopoetics in Practice. London：Routledge.

Cresswell T, 2020. Plastiglomerate[M]. London：Penned in the Margins.

Cresswell T, 2022. Writing (New) Worlds：Poetry and Place in a Time of Emergency[J]. Geografiska Annaler：Series B, Human Geography, 104（4）：374-389.

Rose M, Cooper D, Griffiths H, et al., 2018. Acknowledging the Work of Poetry：A Collaborative Commentary on Tim Cresswell's Fence[J]. Cultural Geographies, 25（1）：257-262.

第5章 埃里克·马格兰的环境-地理诗学

5.1 地理诗学的环保主义者

5.1.1 埃里克·马格兰的生平

埃里克·马格兰（Eric Magrane）是一位来自美国新英格兰的地理学家、诗人和艺术家，拥有戈达德学院的文学学士学位、亚利桑那大学的创意写作硕士学位以及地理学博士学位，其学术旅程贯穿学术、文学和艺术等。目前他在新墨西哥州立大学的地理与环境研究系担任副教授，专注于人文和文化地理学，其学术研究横跨文学和艺术，敏锐地回应着环境变化和环境叙事。

在踏入学术领域之前，马格兰曾是导游和荒野旅行家，具备丰富的环境教育背景。他曾在美国三个国家公园担任驻地艺术家，并在亚利桑那-索诺拉沙漠博物馆担任过驻地诗人，这是一个结合了生物区动物园、植物园和自然历史博物馆的机构。此外，他常常在公共场合朗诵诗歌，并在亚利桑那大学诗歌中心和皮马社区学院等机构教授诗歌和写作课程。马格兰是《索诺拉沙漠：文学野外指南》（*The Sonoran Desert：A Literary Field Guide*）的合编者，这本结合了野外指南和文学选集的混合体裁书籍荣获了多个奖项，包括2016年西南图书年度奖和新墨西哥-亚利桑那图书奖（Mirocha et al., 2016）。他在研究和创作中对环境叙事、地方感以及当代艺术和文学对环境变化的回应表现出特别的兴趣。

马格兰对文化地理学领域的地理诗学分支有着显著贡献，他不仅是一位创作者，还是重新定义该领域的重要人物。他对地理诗学的涉足始于博士时期的研究，其博士论文题为《创意地理与环境：人类世纪的地理诗学》（"Creative Geographies and Environments：Geopoetics in the Anthropocene"）（Magrane, 2017）。他的文章《定位地理诗学》（"Situating Geopoetics"）发表在美国地理学家协会（American Association of Geographers，AAG）的《地理人文》（*GeoHumanities*）期刊上，将地理诗学推向了文化地理学领域的前沿（Magrane，2015）。他参与编辑的书《实践中的地理诗学》（*Geopoetics in Practice*）于2020年出版，收录在"文化、空间与身份研究"（Research in Culture, Space, and Identity）系列中（Magrane et al.，2019）。马格兰以其独特的交叉学科视角和对环境问题的敏锐洞察力，将地理学、文学和艺术巧妙地融为一体，为地理诗学领域注入了新的活力。

5.1.2 环境-地理诗学与世界-地理诗学的交织

在马格兰与笔者的邮件往来中，他毫不隐瞒自己深受怀特的启发。在马格兰眼中，怀特是最早将地理诗学这一概念引入世界的人物，他塑造了一种崭新的地球文化，旨在使当代文明摆脱深重危机，追求一种更加开放、多元、敏感和富有创造性的生活方式。他主张通过诗歌及其他文学形式，寻找并表达地球不同地域的风景、历史、神话和思想，从而构筑一种更加亲密和谐的与自然和他者相处之道。他着重强调了地理诗学在推动全球化时代下跨文化交流中不可忽视的重要性。

马格兰的地理诗学与怀特的相似之处在于，二者皆试图以地球为中心的诗学来统合各个领域的知识，并探索以不同方法诠释现实的生活方式。他们共同聚焦于地球整体的视角，以及人类与自然界之间敏感而智慧的联系。通过运用各种语言风格和形式，包括叙事、对话、列表、重复和引用等，他们展示了这些关系的多样性和动态性。此外，马格兰和怀特均聚焦于地球、环境、文化和语言之间错综复杂的关系。他们一致认为地理诗学是一种创造性的实践，有助于我们重新认识和连接地球、环境、文化和语言。马格兰认为怀特的地理诗学是创造性的探索，通过诗歌及其他文学形式，表达对气候变化等复杂现象的感知和理解。他着重强调了诗歌在挑战既定认知框架、建立新的世界感觉、促进跨学科对话和扩大受众方面的潜力。他也领悟到地理诗学在解构殖民主义、后殖民主义和资本主义等霸权话语方面的深远影响。

然而，马格兰和怀特对地理诗学的理解也存在着显著差异。马格兰更注重地理诗学在应对气候变化等当代挑战的作用，而怀特更强调地理诗学在建立一种新的地球文化方面的作用。此外，他们对于地理诗学的实践也存在一些差异。马格兰更加强调地理诗学的实践性和方法论，以及它与当代诗歌和生态诗学的紧密关系。他的地理诗学项目涉及多种形式和媒介，包括散文、诗歌、视觉艺术、音乐、哲学和科学等，以及它们之间的有机结合。他的地理诗学更专注于气候变化和人类世纪的问题，以及人类与自然界之间的紧张关系和矛盾，试图用创造性的语言重新连接人类与自然世界，并提出新的视角和可能性。

5.2 环境-地理诗学的理论脉络

5.2.1 地理诗学的再定位

马格兰在文章《定位地理诗学》中细致入微地探讨了地理诗学这一领域。这篇文章不仅旨在介绍和重新探讨地理诗学的概念，更关注了我们与自然和宇宙的深刻联系，激发了我们的想象力和创造力（Magrane，2015）。马格兰的地理诗学在某种程度上继承了巴什拉、怀特和段义孚的传统，并赋予其全新的生命。他强调地理诗学是一种哲学实践，目标在于深度思考人类与地球的关系，超越传统的地理学范式，着手探索个体与环境间情感联系的微妙细腻之处。这种地理诗学不仅是一门关于地理诗歌的艺术，更需要在情境中敞开地理诗歌这一领域（de Leeuw and Magrane，2019）。

马格兰邀请读者通过借鉴诗人和地理学家的作品，以一种充满魅力、泥土气息和跨越美学的方式，来创造和实践地理诗学。他将当代诗学，尤其是生态诗学领域，与批判性人文地理学交织在一起，形成了一幅丰富多彩的图景。从地理学家、诗人、文学家以及诗歌本身出发，他帮助我们明确地理诗学的位置，使之历史化。同时，他简要盘点了这一领域的当前状况，并为未来的工作开辟了新的道路。

在这个广袤的领域中，马格兰强调了地理诗学的四个维度。第一个维度是地理诗学的综合性。他倡导这一实践，将其视作一门综合性的艺术，涉及地理学、诗歌、艺术以及社会科学等多个领域。地理诗学将我们与自然和宇宙的联系置于焦点，激发我们对这个世界的无尽想象力和创造力。这不仅是一种学科，更是一场关于地球的表达，以口头、书写、绘画、摄影、电影制作、音乐、地质学、地理学以及其他科学、哲学等多种形式，将艺术、科学和思想相互交融，展现出多重维度的结合。这是一次波涛汹涌的学科冒险，一场探索人类与地球、自然和宇宙关系的精彩之旅。

重返大地：地理诗学的思想之旅

第二个维度是地理诗学的场域性，将我们的目光引向了地理空间、地方和环境在诗歌创作中的重要性。这个概念的萌芽可以追溯到段义孚的工作，而马格兰在其地理诗学理论中对该概念进行了深刻的拓展。他强调地理诗学不仅是一种理论，更是在具体场域中的实践，紧密连接着特定地点、地域和环境。这种深入研究特定地理背景的方法，使得地理学与文学得以更全面、更深刻地结合，从而理解和表达地方性。

第三个维度是诗歌与地理知识的融合，这是马格兰的贡献之一。他试图打破传统学科的界限，将诗歌与地理知识融为一体。这种融合并非单向，而是双向的努力，旨在创造一种更为全面、感性的地理学视角，使人们对地球和环境有着更为深刻的理解。地理诗学的独特之处在于，它不仅将地理学的概念引入到诗歌中，同时在地理学文献中寻找诗意的元素。这种双向的融合丰富了文学和地理学的语汇，促使人们以更为感性的方式理解地球与人类互动的复杂性。

第四个维度是参与性与感知，展现了马格兰对地理诗学的独特关注。他强调参与性和感知对地理诗学至关重要，通过参与式的实践，如在地方社区中的工作坊和活动，激发人们对周围环境更深刻的认知。这意味着地理诗学的目标之一是构建一种感性地理学，以诗歌的形式传达地球和环境的情感经验。诗歌独特的表达方式能够唤起读者的感官体验，使人们更深刻地感受自然景观、地方和空间。这种感性地理学的构建经由文学的媒介，将地理知识转化为更为情感丰富和个体化的体验。

在马格兰的世界里，诗歌不再只是文字的编织，而是一把开启地理学知识之门的钥匙，轻轻插入学生心灵的锁孔，转动着激发创造力和想象力的机制——这是他独特的观点，即将诗歌视为地理学教育的独特工具。他并非仅仅追求传统的地图和数据，而是倡导通过诗意表达，让学生超越平面，真切地感受地球多样性的复杂性。这是一场激发学生对地理环境产生深刻理解的冒险，通过将地理概念与诗歌融为一体，他试图在学生心中埋下对地球和环境的关怀，用感性的方式培养对地理学的浓厚兴趣。

马格兰的地理诗学并非孤立的个体创作，而是一种社区性的实践，需要在地方社区中建立联系，通过合作与交流促进地理诗学的蓬勃发展。他构建的社区参与模式并非仅仅是创作者个体的表演，而是一场地理主题的合作。通过诗歌创作工作坊等形式，学生在共同体中合作参与地理相关的活动，将抽象的地理概念与实际生活有机衔接，使他们更深入地理解地理学的实践性。在这个诗意的教育氛围中，学生不仅通过阅读和创作诗歌获得有趣的学习体验，更在轻松愉悦的氛围中建立对地理学的积极态度。这是一场关于感性地理学的建构，通过文学的媒介将地理知识转化为情感更为丰富和个体化的体验。这是马格兰为地理诗学开创的一片新天地，一个充满希望、快乐、生命力的世界。通过这样的观点和实践，马格兰重新定义了地理诗学，将其视为一种综合性、参与性和场域性的实践，旨在促使人们对地球和环境的关系有更为丰富、感性的理解。

5.2.2 地理元素与文学创作

在马格兰的文学舞台上，地球的元素并非简单的描摹，而是一场与地理学、地球科学和生态学概念的对话。他以一种独特而深刻的方式，通过文学的语境将地球的脉络、形状和生命交织于文字之中，将自然的奇迹融入每一句。

首先，他将地球的骨架注入诗歌和散文，并以地质元素为笔，描绘岩石的质感、地层的年轮、山脉的雄伟。他不仅使用地质学的术语，更让地球的演变、构造和形态在文学的领域里编织成交响曲，让读者感受地球的历史在每个文字间轻轻流淌。

其次，他细致入微地勾勒了地球的肌理和图景，通过文学的笔触描绘出山川河流、平原草地的景观。这不仅是对地形的描绘，更是将地球元素赋予象征意义的表达。他试图让自然元素超越物质，成为一种沟通的媒介，传达地球与我们之间的深层联系。在地理诗学的文学作品中，气象和气候化作抽象的诗，通过文字的翩翩起舞，描绘季节的轮回、天气的变幻。这样的表达方式不仅使读者感受到地球环境的多样性和动态性，还能通过文字呼吁对环境的关怀与珍惜。马格兰的文学作品中或许蕴含着一种生动的环保情怀，通过地球的语言发出对破坏与变革的叮咛。

最后，他通过文学叙述，将关注的目光转向生物多样性。在他的作品中，植物、动物和微生物都成为文字的主角，它们在生态系统中的互动得到呈现。这不仅是对生物之美的讴歌，更是对自然界元素间微妙关系的深入思考。马格兰将这些元素描绘成一种复杂的语言网络，每个元素都在这无声的诗篇中谱写出属于自己的旋律。

马格兰对地球的描述并非冰冷的文字描写，而是一场感官的盛宴。他用文字将地球的韵律、肌理和生机表达得淋漓尽致，每一个句子都在向读者述说地球的美丽与奥妙。在他的笔下，地球的声音被赋予了独特的旋律。风吹过林梢是一曲树叶的沙沙声，水流淙淙是大地的低语，动物的鸣叫则是大自然的交响乐。他不仅描绘这些声音，更试图通过文学的呼应，传达地球不仅是一个静态的存在，更是一个充满声音的生命体。

在他的作品中，地球也拥有了情感的表达。地球不再是单纯的自然环境，而是成为了一个充满情感的实体，有着独特的感知和体验。他通过文学的手法，将地球的语言与个体经验交融，描绘个体在自然环境中的感知、反思和情感体验。这种表达方式使我们能够更亲近地理概念，感受到地球的语言是可以通过个体经验感知和理解的。通过文学的实践，马格兰超越了传统的科学表达，使地球的元素在文字中得以想象、感知和情感化。

5.2.3 地理元素与文学批评

马格兰在博士论文《创意地理与环境：人类世纪的地理诗学》中，以五篇探讨地理诗学作为人文地理文学分支的文章，勾勒出地理诗学在创意地理、文学批评和地理哲学三个模式中的脉络。他通过在人文地理学研究中对艺术和文学实践的探索，深入考察索诺拉沙漠的生态，并基于这种方式尝试融合气候变化和人类世纪的叙事，同时探讨艺术和文学在环境问题中的作用。马格兰巧妙地将当代原住民生态诗人的作品融入论文，通过细读这些作品，将它们与气候叙事紧密联系。他还以一个关于气候变化和诗歌的社区课程为例，展示了艺术和人文学方法对全球环境变化的关键作用。

作为文学批评的一部分，马格兰的地理诗学旨在通过诗歌的形式阐述诗歌与现实之间的关系。这是情境化和打开地理诗歌领域的基石。他以一种令人陶醉的、朴实的、跨美学的方式，将当代诗歌与批判人文地理学交织在一起，邀请我们共同探索那些运用诗人和地理学者作品的地理诗歌文本。他的关注点既包括地理学者、诗人、文学研究者，也涵盖诗歌本身，旨在情境化和历史化地打开地理诗歌，并为未来的工作开辟广阔的场域。

马格兰在论文中聚焦于一些杰出的诗人和地理学者，如肯尼斯·怀特、加里·斯奈德（Gary Snyder）、艾莉森·戴明（Allison Deming）、蒂姆·克雷斯维尔等，并深入分析了他们如何通过诗歌表达对地方、空间和环境的想象力和批判①。在应用地理诗学进行文学批评时，马格兰将关注点置于诗歌作品中地理空间、地方感、环境等元素上，并运用地理学的理论和方法进行深刻而细致的分析。

地理的文学批评能够让人穿越地理空间的叙事，探寻那些被诗歌织入的地方情感与归属感。这是一场审视自然元素、地形地貌和气候的艺术之旅，一次对环境批评的深刻探讨。在这段旅程中，我们聚焦于地理空间的分析，细致地审视诗歌中描绘的地理元素，如山峦起伏、大地脉动。这不仅是对地球的解剖，更是对诗歌情感和意义的揭示。每一片风景、每一处氛围都编织出诗歌的色彩，勾勒出其深远的内涵。

环境批评成为这场艺术之旅的引导者，自然环境、人文景观是诗歌表达的重要背景。地理诗学的批评者通过细致入微的分析，深入探讨环境如何影响诗歌的表达，将大自然的声音、色彩融入诗篇之中，使其成为一曲生动的交响乐章。

地方感与归属感在这场审美之旅中占有一席之地。我们关注诗歌中那些对特定地方的情感表达，揭示诗人与土地之间深刻的情感联系。这是一种身临其境的体验，地理诗学以诗歌作为感性媒介，让读者仿佛亲临诗歌描绘的地理空间，与诗人产生情感的共鸣。

地理学的理论框架成为解读诗歌的密码，地方理论、地理心理学等理论为我们揭示诗歌中地方和空间的象征意义。诗歌成为一个微缩的世界，通过这些理论镜头，我们深入思考地理要素如何在诗歌中构建主题和情感。

社会空间批评则将我们引向另一片风景，关注城市与乡村的对比、地理分层等社会地理学问题。诗歌不仅是对大自然的歌颂，更是对社会现象的观察和评论，是对地理环境对社会结构塑造的深刻剖析。

---

① 肯尼斯·怀特与蒂姆·克雷斯维尔的介绍见第三章和第四章。加里·斯奈德是一位美国诗人、作家和环境活动家，被认为是生态诗歌的代表人物之一。他受到了佛教、美洲原住民文化和自然主义的影响，用诗歌来表达对自然界和人类社会的关注和批判。他的作品包括诗歌集、散文集、访谈集和翻译等，其中最著名的是《龟岛》（*Turtle Island*），此作获得 1975 年普利策诗歌奖。艾莉森·霍桑·戴明是一位美国诗人、散文家和教授，也是生态诗歌的重要贡献者之一。她用诗歌和散文来探索科学、艺术和自然之间的联系，以及人类在地球上的角色和责任。她的作品包括多部诗集和散文集，其中最著名的是《科学与其他诗》（*Science and Other Poems*），此作获得 1994 年沃尔特·惠特曼奖。

5.3 实践性的环境-地理诗学

5.3.1 沙漠博物馆

在马格兰的倡导下，地理诗学不再是枯燥的理论，而是一场感知自然的实践之旅，一次穿越文学和地理学的冒险。这种实践性的地理诗学不仅是对自然世界的好奇，更是对我们在这个环境中扮演的角色的深刻思索。马格兰试图用生态学的眼光注视地理诗学，创造一个有机的框架，使我们更全面地理解人类与自然的关系，并通过文学的艺术形式传达这份理解（Clark et al., 2020）。

他的书写沙漠项目（Writing the Desert）是地理诗学的实践典范。他投身于沙漠的诗歌舞台，将语言的图像镶嵌于沙丘之间，使之成为短暂而深刻的地球写作。在亚利桑那-索诺拉沙漠博物馆，马格兰不仅探索了诗歌与地理的纽带，更追溯了诗歌对环境变迁的回响。他在西南部的沙漠区域进行地理诗学实践，将文字、美学与地球物理材料奇妙交融。他借鉴安吉拉·莱斯特（Angela Last）的思想，将此视为一场解构性美学的实践。

马格兰以镜子、玻璃和水等物品为笔，将文字的光辉在沙漠地表上反射，构筑出一幅幅抽象的诗意图景。这些文字包含了他个人的创作、引用的诗句及地理学和生态学的专业术语。这不仅是对沙漠环境的敬意，更是对语言和空间关系的挑战。这是一次对自然、历史、记忆和政治的全新审视，一场颠覆认知和叙述的创新之旅，揭示出更多可能性和复杂性（Mirocha et al., 2016）。

马格兰的实践让地理诗学不再停留在理论边缘，而是成为一门跨足感知、探险和创新的艺术。在对《索诺拉沙漠：文学野外指南》的编纂中，马格兰融汇了野外指南和文学选集，将我们引领至沙漠博物馆中，与各种生灵诗意相遇。红头美洲鹫、熊、美洲狮等物种，在他的文字里化为鲜活的诗篇，让我们在博物馆的书写中，感知一场对语言和空间关系的挑战与创新。这是一场文字与沙漠地貌之间的动态互动，一种打破传统书写和阅读方式的奇妙体验。

马格兰深信这种地球书写能够让我们感知文字的物质性和能量，以及它们与自然环境的相互作用。这是一场重新思考语言的使用方式、发现语言与空间之间更多可能性和复杂性的冒险。其中，《一首诗就是它自己的动物》

("A Poem is Its Own Animal")一文成为博物馆中的明珠。在夏季的夜晚，展馆使用镜子、玻璃和水等物品，用黑光涂料将诗歌书写在石墙上，诗句只有在黑光灯的照射下才会浮现，这与沙漠中的蝎子相呼应。这是一种储存的能量，一种作为人类和超人类集体中的行动者的存在（Magrane，2016）。

在博物馆中，马格兰进行了多个诗歌装置的创作，如蝎子、沙棘、河流等。这些装置以文学的形式生动地展现了沙漠地区的生物多样性，与博物馆的科学教育和保护目标相得益彰[①]。诗歌装置与沙漠环境之间形成互动，让游客感受到文字的物质性和能量，以及它们与自然环境的奇妙共振。这个驻地诗人项目既是艺术与科学的合作，也是推动公众认知和保护沙漠地区的崭新模式。马格兰以批判地理学家兼诗人的双重身份，从形式和内容两方面深刻思考并阐释了诗歌与沙漠博物馆的交融关系。他借用了艾莉森·戴明的名言"所有的艺术都是同情"，并提出了一个发人深省的问题："你是否记得有一次你看到一只动物，它让你惊讶地觉醒？那种意识的时刻是艺术、科学和宗教诞生的地方，那种突然醒来的时刻。"我们被这样的文字和思考引入一场振奋人心的艺术之旅。

5.3.2 地理诗学工作坊"落基山脉的动物"

马格兰在"落基山脉的动物"地理诗学工作坊中，通过文学的方式引领学生和参与者感知地理空间，感悟地球与人的微妙纽带。这个工作坊不仅是创作与讨论的场所，更是一场深入思考的冒险，让参与者在文学的海洋中徜徉，反思自身与环境的交融[②]（Magrane，2020）。马格兰在自己的作品中深度剖析诗歌与地理之间的神奇关联，以及诗歌对环境变化的细腻回应。他引入了三个引人注目的公共地理人文项目，通过《落基山国家公园的诗歌清单》《萨瓜罗国家公园的诗歌清单》《风琴山-沙漠峰国家纪念碑的文学清单》邀请作家为这些地区的生命创作诗歌或散文，将文字凝结成对大自然的赞美。

[①] 马格兰是 *Spiral Orb* 杂志的创始编辑。他在《一首诗就是它自己的动物》一文中反思了他在亚利桑那-索诺拉沙漠博物馆（Arizona-Sonora Desert Museum）的诗歌装置，以及他作为该博物馆首席驻地诗人的经历。亚利桑那-索诺拉沙漠博物馆是一个集动物园、植物园和自然历史博物馆于一身的生物区域性机构，每年接待40万名游客。

[②] 马格兰的论文介绍了一些根植于社区的创意地理人文项目，用文学形式来表达扩展的落基山西部地区及其生物多样性。

在这些项目中，约翰·卡尔德拉索（John Calderazzo）的《红头美洲鹫》、劳拉·普里切特（Laura Pritchett）的《熊之恩典》和斯潘塞·埃雷拉（Spencer Herrera）的《美洲狮和它的同名者》闪烁着对落基山西部地区各异生命的情感和幻想。《红头美洲鹫》反映了对这种被误解、轻视的鸟类的敬意和好奇，以及它们同落基山地区的历史与生态的联系。《熊之恩典》反映了对这种强大而敏感的动物的爱和恐惧，以及它们同人类冲突又共存的困境。《美洲狮和它的同名者》反映了对这种隐秘又神秘的猫科动物的赞美惊叹，以及它们同落基山地区的文化与传说的关联。这些诗歌不仅反映了作者对生命的敬畏和好奇，更描绘了这群动物与山地历史、生态的深刻纽带，展开了一幅幅生动的图景。

马格兰深切强调文学野外指南和诗歌清单作为创新的文学形式，既是科学知识的补充，也是艺术表达的独特媒介。这些文学形式宛如一面镜子，映照出地方与生命间微妙的关系，培养人类对多样生命的同理心。这场地理诗学的冒险，通过社区参与、跨学科合作、公共教育等方式，不仅促进了对落基山西部地区的认知和保护，更点燃了对自然、历史、记忆和政治的深刻对话和反思。在这诗意的文字之间，我们感受到大自然的呼吸，听见山川间生命的低语，与落基山脉一同踏入一场灵性的律动。

在马格兰的工作坊中，学生成为地理的诗人，将地球的线条、气息和温度融入诗歌的篇章。这不只是简单的学术交流，而是一次对地理概念进行文学雕琢的奇妙冒险。马格兰以导师的身份，引导学生将地质的坚实、地形的曲折、气候的温柔交织于诗歌、散文或其他文学形式中，期待学生在创作中更深刻地领略地球的丰富内涵。在教学与指导中，马格兰通过跨学科的研究和学习，将生态学与文学有机交织。他致力于在学生心中织就一张生态的图谱，将生态系统、生物多样性等概念融入文学的语境。通过这种形式，学生能够在文学的海洋中深刻探索对环境和生态的关系。马格兰所传达的不仅是知识，更是一种对大自然与文学灵性交融的领悟。他的教导让学生们在文学的翅膀下，飞翔于广袤的地理时空之中。

5.3.3 诗歌社区项目

马格兰将地理的诗意融入社区的脉搏，社区居民用诗歌记录并表达对故乡的感知。他的实践超越了纸面上的文字，更是一场社区认同感的建筑工程。他以文学为契机传递社区与土地的深厚关系，激发人们对周遭环境的深刻思考，并通过文学的笔触将这些思绪表达得淋漓尽致。

首先，他引领社区成员走进地方感知工作坊——一个呼唤感官与灵魂交融的场所。马格兰运用实地探访、文学创作、讨论与反思的方法引导社区成员更深刻地认识和表达他们与故土的联结。这不仅是地理学的实践，更是对所处地方情感的探索之旅。社区成员参与地方调查，记录地方历史、环境变迁和地形特征等。实地考察让社区居民通过文学分享地方之美，不仅身临其境，更有心灵投入。地方感知地图成为了个体对环境感知的独特抒发。社区居民在地图上标记心目中重要的地点，书写个人故事和感想，使得这不再只是一份简单的地图，而是一幅富有地理诗学意味的图景。例如，在亚利桑那州图森市的路线上，马格兰用实例展示了这种方法的步步推进，以及硕果累累的成效[①]。

其次，马格兰与社区合作，启动了社区文学创作项目，为社区成员打开了表达感悟的文学之门。他鼓励社区居民通过诗歌、散文和其他文学形式表达对家园、城市及自然环境的情感和故事。这不仅是对文学创作的推崇，更是打破传统文学边界的革新。马格兰在其文《地理人文的应用》（"Applying the Geohumanities"）中，揭示了将人文方法应用于地理问题的可能性以及挑战。他探讨了诗歌与地理之间的关系，以及诗歌对环境变化的应答（Magrane，2019）。这篇文章中涉及到的两个地理人文学项目更是展示了地理诗学如何在社区中播撒文学的种子，以应对当今社会和环境挑战。其中包括一个关于气候变化和诗歌的社区课程，以及一个关于公民科学生物多样性调查的创意方法。这些项目展现了地理诗学如何推动地理学家进行更具公众参与性的工作，以应对当前的社会和环境问题。

最后，马格兰引领社区成员通过多样的艺术形式，如音乐、舞蹈以及令人陶醉的环境表演，将他们对环境的独特感受融入具有诗意的地理诗学理念之中，以音律和舞姿展现着地理诗学的多维面貌。这使得地理诗学不仅限于文字的表达，而是一场身临其境的艺术盛宴。社区成员投入其中，通过音乐和舞蹈等艺术方式，用一曲优美的旋律、一幅抽象的画作，甚至是一段感性的舞蹈，表达他们对周遭环境的深切体验。这场视觉和听觉的饕餮盛宴，用艺术的语汇传递着地球与灵魂的共鸣，更是对地理诗学理念的呼唤。

在环境教育的广阔领域，马格兰将文学、地理学和生态学紧密交织，以

---

① "Introduction: Geopoetics as Route-Finding"。

更深刻的方式来理解环境问题。他在社区中组织讲座、讨论会和学习小组，通过知识的交流加深社区成员对环境问题的认识。例如，他与克里斯托弗·科基诺斯（Christopher Cokinos）合作的图森诗歌地图（Poetry Maps）项目，使用在线地图收集和展示了与图森市相关的诗歌，用一种独特的方式使文学与城市空间和居民的生活对话，创造出一种新颖的地理诗学表达。

他的论文《加利福尼亚湾拖网捕虾副渔获物的艺术-科学方法》（"An Art-Science Approach to Bycatch in the Gulf of California Shrimp Trawling Fishery"）通过散文、诗歌和绘画，呈现了对墨西哥加利福尼亚湾虾拖网渔业中副捕获物的深切关注。马格兰与艺术家玛丽亚·约翰逊（Maria Johnson）合作将他们在加利福尼亚湾的艺术-科学项目带入实践，用创意的文字和绘画方式展现虾拖网渔业对海洋生态系统和渔民社区所带来的影响（Magrane and Johnson，2017）。他们的目标不仅是通过这种艺术-科学方法提高公众对渔业影响的认识，更是为了推动可持续渔业的发展。马格兰是地理诗学家，更是引领社区沉浸在诗意之海的舵手。他通过文学和艺术，将地球的心跳与社区的灵魂相连，创造出了充满诗意的环境教育空间。

5.4 地理诗学的环境关怀

5.4.1 气候地理诗学的特别关注

在马格兰的文学舞台上，生态学的要素翩然而至。他将生物多样性、气候变化和生态系统相互作用等科学概念融入文学，试图编织一幅自然科学与人文科学相互交织的壮美图景，提供一场更为丰富和深刻的地理诗学之旅。在他的文章《气候地理诗学（地球是一首发酵的诗歌）》["Climate Geopoetics (The Earth is a Composted Poem)"]中，他婉转地谈论着气候环境与地理诗学的激情交汇。一首气候诗拉开序幕，又以一首气候诗谢幕，中间穿插了对气候地理诗歌的深刻思考（Magrane，2021a）。马格兰转向对气候叙事和框架的分析，将气候变化视为一个社会和文化问题。他在文章中以三首诗为引导，深刻探讨了气候地理诗歌的意义、人类世/人类景观的奇异性，以及地理诗歌实践在文本形式上产生的张力。他努力提供一种新颖的审视方式，以探讨气候变化的多种表达、参与和争议。

在另一篇文章《治愈、归属、抵抗和相互关怀：解读地方生态诗学与气候叙事》（"'Healing, Belonging, Resistance, and Mutual Care': Reading

Indigenous Ecopoetics and Climate Narratives"）中，马格兰将地理学与气候变化的批判性分析融入对当代诗歌的深度阅读（Magrane，2017；Folke et al.，2021；Solnick，2016），尤其关注原住民生态诗歌作家的作品，如克雷格·佩雷斯（Craig Perez）、艾莉森·海杰·科克（Allison Coke）、乔伊·哈乔（Joy Harjo）和琳达·霍根（Linda Hogan）等。他以一位批判地理学家兼诗人的身份，从形式和内容思考并阐释了诗歌与气候变化叙事的关系。他将这些诗歌视为储存的能量，作为人类和超人类集体中的行动者。马格兰通过对创意文本进行细致阅读，凸显了诗歌在世界中行动的形式与内容之间不可分割的联系。他并非试图对这些文本进行权威性的阅读或分析，而是试图通过学习诗歌来"去殖民化"自己的思想，这是一个不断实践的过程。

马格兰发表在《地理评论》（*Geographical Review*）杂志上的文章《波浪机汹涌：生物圈2号的地理诗学、遗址本体论和人类世》（"The Wave Machine Churns: Geopoetics, Site Ontology, and the Anthropocene at Biosphere 2"）掀起了一场风暴，将地理诗学的观念激荡在生物圈2号（Biosphere 2）这个生态研究和旅游胜地的上空[①]。他在这篇研究中引用了安吉拉·莱斯特的定义，将地理诗学定义为颠覆性美学——一种集文字、美学和地球物理物质的跨界之美。这种美学不仅突破了学科界限和知识形式，更冲击了传统的世界观和价值观。面对由人类活动引起的全球环境危机，如气候变化和生物多样性的丧失，地理诗学是一把解开思维枷锁的魔法钥匙，通过文字、美学和地球物质的交汇，重新定义我们理解世界的方式。地理诗学强调了空间元素的物质性，认为空间不仅是被描述和再现的对象，更是一个有生命力和创造力的主体。

具体而言，马格兰通过在生物圈2号的海洋、雨林和沙漠等多样生态系统中进行诗歌的阅读和创作，向读者展示了地理诗学的具体实践和引人入胜的效果。诗歌成为一种导航仪，引领我们重新认识自身与空间、物质和他者之间的关系，以及这些关系所承载的政治性和伦理性。如何叙述并赋予生物圈2号意义成为一项关键的工作，特别是生物圈2号作为人类与自然关系的缩影和实验场所的情况下，地理诗学该如何颠覆和介入这种叙事。这个空间充满了矛盾和张力，既有科学、技术和控制的故事，也有艺术、想象和变革的故事。马格兰倡导一种抗拒掌控的叙事方式，用多样、局部和批判的声音

---

① https://biosphere2.org/。

来描绘生物圈2号这个复杂的场所。

对于马格兰在文章中提出的观点，学术界也掀起了一场激烈交锋。马利娅·阿克尔（Maleea Acker）、蒂姆·克雷斯维尔、萨莎·恩格尔曼（Sasha Engelmann）和阿亚·纳萨尔（Aya Nassar）都在各自的回应中发表了见解。这场学术与诗意的碰撞，将思想的波澜推向更深的层次。

5.4.2 纳萨尔的回应：后殖民城市叙事的重构

阿亚·纳萨尔（Aya Nassar）在论文《地理诗学：反对掌控的故事》（"Geopoetics: Storytelling Against Mastery"）中，以后殖民城市的物质和情感地理学为背景，深度剖析了马格兰的《气候地理诗学》（Nassar，2021a）。这篇评论是一场对地理诗学颠覆性美学的深刻思考。纳萨尔以一位后殖民城市观察者的身份，审视地理诗学在颠覆和重构世界的过程中所扮演的角色。她将地理诗学视为一种通过文字、美学和地球物质相交的方式，重新整合人类与世界的纽带。

纳萨尔关注的焦点集中在对后殖民城市叙事的重新构建上，以及通过地理诗学来介入、颠覆城市空间的制造、再现和变革过程。后殖民城市是一本翻动的书，充满了对抗和变革的故事。权力结构和殖民主义留下的叙事交织在城市空间中，与之相伴的是反抗和创新的声音。纳萨尔呼吁采用一种抵制掌控的叙事方式，摒弃以单一、通用或权威的声音来述说城市的故事，而是以多元、局部和批判的声音来描绘城市的多样性。这正是她对地理诗学的定义：一种颠覆性美学，并且文字、美学和地球物质在其中相互交错。这种美学不仅能够冲破传统学科的界限和知识形式，更能够颠覆传统的世界观和价值观。地理诗学就像是一面镜子，帮助我们重新审视自身与空间、物质和他者的关系，以及这些关系中所包含的政治和伦理的内核。

在纳萨尔的地理诗学实践中，一场关于开罗的独特之旅在文字中绽放。在《地理诗学作为颠覆性美学：来自开罗的片段》（"Geopoetics as Disruptive Aesthetics: Vignettes from Cairo"）一文中，她以一系列关于埃及首都的个人片段，勾勒出这一颠覆性美学的独特魅力。这些片段，如火灾、灰尘、档案、街道和建筑等，并非按照线性时间或地点顺序排列，而是由内心的逻辑和联想编织而成。这种结构使得她的文字与传统的叙事或抒情论文截然不同，呈现出非线性、开放和多元的面貌。

纳萨尔将她的视角聚焦在埃及首都的空间和档案中。这是一场关于后殖民城市物质与情感地理学的深度研究，她从这座城市的街头巷尾和古老文化中发掘出一种通过地理诗学述说城市的全新方式，着重强调空间的元素性和物质性（Nassar，2021b）。开罗是一个"不是线条的纵横，而是光的迸发"的城市，一个"充满生命力"的城市。纳萨尔以她的文字之光，照亮了这座城市的独特之处。她以一种独特的方式关注着如何诉说并赋予这个后殖民城市以深意，以及如何通过地理诗学来影响和颠覆城市空间的塑造、再现和演变。这是一场文字探索之旅，一个通过片段式写作构建的城市之梦，一幅以地理诗学为笔勾勒的城市之画。

5.4.3 恩格尔曼的回应：空气诗学

萨莎·恩格尔曼是一位身居伦敦皇家霍洛威大学的英国地理学者。她在论文《地理诗学：关于组织、哀悼和不可估量》（"Geopoetics：On Organising, Mourning, and the Incalculable"）中对马格兰的气候诗进行了深刻的反思，并将目光聚焦在地理诗学项目的急迫性和深远意义上（Engelmann，2021）。在她的笔下，马格兰的气候诗被解读为一幅泥土、矿物和超越人类的肖像，通过语言、美学和地球物理材料的独特交织重新定义了物质与能量。

恩格尔曼对马格兰的气候地理诗学给予了高度评价，她认为这是通过技巧、约束、分解（或组合）和对比等一系列手法创作的诗歌。这些诗歌不仅挑战了气候变化的抽象概念，更激发了地理学和人文地理学的批判性与创造性。在她的视野中，马格兰的气候诗重新思考和塑造了世界，并超越了单一的视角，将物质与情感融为一体。

恩格尔曼与马格兰一致认同地理诗学的理念，并将其视为一种不仅对环境充满谦卑与敬畏，更参与环境恶化的悼念的方式。恩格尔曼强调地理诗学的力量，认为它可以帮助我们直面生命的脆弱性和不可计算性，进而与自然、历史、记忆和政治等展开深度对话。在当前严峻的生态、医疗、经济和社会危机下，恩格尔曼呼吁通过地理诗学重新审视我们对世界的认知和叙述，以挖掘更多可能性和复杂性。

恩格尔曼提出了一种独特的空气诗学思想（poetics of air）（Engelmann，2015），这一思想反映了对空气这看似无形但深刻影响我们生活的元素的深刻反思。她以自制的口罩为象征，表达了在当今世界为保护自己免受空气中微粒物质侵害所付出的奋斗。恩格尔曼的空气诗学思想，从看似寻常的生活场景中，探寻出空气对人类的重大影响，呈现了一场感官与心灵的深度体验。

（1）空气的复杂性。空气诗学并非简单将空气视为单一的物质，而是凸显了其在社会、文化和政治层面的复杂性。她通过这一独特视角，企图挑战人们对空气的传统认知，开启了一扇通向空气诗学思维的全新大门。空气诗学涉及自然科学、人文科学、艺术等多个领域。恩格尔曼主张将空气问题引入更广泛的讨论，超越学科的边界，激发跨学科的合作和交流。

（2）感知和经验。恩格尔曼强调，对空气的感知和经验是空气诗学的核心所在。她聚焦于探索空气如何被感知、体验和诗化，以及这种感知如何在日常生活中孕育对文化和社会的影响。这种关切赋予了空气诗学充满情感与人文关怀的独特品质。在社会文化的层面上，空气不仅是象征和符号的载体，不同气味可能与特定的文化、传统和记忆紧密相连，从而成为一种文化媒介。此外，音乐、言语等在社会交流中的传播也深深依赖于空气的媒介性。

（3）空气的媒介性。恩格尔曼将空气视作信息、声音和气味等元素的传递媒介，强调空气是连接人们与周围环境、社会和文化的桥梁，其作用远超物质本身的属性，成为一种交流和传达的工具。空气不仅是传递信息的优秀媒介，更是连接人与环境、社会和文化的纽带。声音、气味和化学信号等都通过空气传播，而在社会生活中，人们通过言语、音乐、气味等方式，巧妙地利用空气传递信息。例如，空气中弥漫的烹饪香味、植物的芬芳香气都成为空气传递信息的美妙表达。又如，空气是声音的主要传播媒介之一，声波通过空气的震动传播，赋予我们对语言、音乐等各种声音的感知。而空气的状态，如温度、湿度等因素，直接影响着声音的传播特性，深刻影响着我们对声音的感知。

（4）实践和行动。恩格尔曼的空气诗学注重实践和行动，呼吁人们通过参与实际行动来感知和领悟空气，包括参与空气品质监测、艺术创作和社区活动等，旨在引导人们深入思考和积极参与空气的生态系统。空气的媒介性在环境中得以彰显。空气通过传递气候信息、气象因素，直接影响生态系统的运转和人类对环境的适应。污染物质同样通过空气这一媒介传播，对环境和人类健康造成深远的影响。

（5）社会和环境正义。空气诗学与社会和环境正义紧密相连。恩格尔曼关注空气污染和气候变化等重大问题，并试图唤起人们对环境问题的关注。通过对空气的审美和感知，她助推更为可持续的生活方式。

总体而言，恩格尔曼的空气诗学思想是对空气这一日常元素的深刻审视，凸显了感知、经验、实践和社会正义等方面的重要性。在她的笔下，空气不再是简单的自然要素，而是人类生活中充满诗意、引领行动的重要元素。她为人们提供了一种理解空气的全新方式，即不仅利用感官感知空气，更是融入了对环境、社会和艺术的深刻思考。

5.4.4 阿克尔对气候地理诗学的评论

马利娅·阿克尔（Maleea Acker）也对马格兰的文章《气候地理诗学（地球是一首发酵的诗歌）》作出了回应（Acker，2021a）。阿克尔在《向共同和绝望的姿态：气候地理诗学的潜力》（"Gesturing Toward the Common and the Desperation: Climate Geopoetics' Potential"）一文中，首先赞扬了马格兰对气候变化问题诗意和创新的处理，认为马格兰的地理诗学方法提供了一种重新认识自然和人类关系的可能性。她深感马格兰的地理诗学强调了空间的元素性和物质性，使空间不再仅是一个被描述和再现的客体，而是一个具有生命力和创造力的主体。

其次，阿克尔提出了一系列批判性问题，主要集中在马格兰的地理诗学是否充分考虑到不同文化、历史和政治等多元复杂的背景。她认为马格兰的地理诗学或许过于依赖西方传统文学和美学理论，忽略了其他文化和语境中对空间和物质的独特理解和表达。对此，阿克尔建议马格兰拓展阅读范围，涵盖非西方及边缘文化的诗人，如加拿大原住民诗人、拉美诗人和非洲诗人等，以及当代关注气候变化问题的诗人，如安妮·卡森（Anne Carson）、蒂莫西·唐纳利（Timothy Donnelly）、艾丽丝·奥斯瓦尔德（Alice Oswald）、简·兹维基（Jan Zwicky）、唐·麦凯（Don McKay）和布莱恩·布雷特（Brian Brett）等。

再次，阿克尔指出了马格兰的地理诗学在应对气候变化危机方面的潜力和局限。她认为马格兰的地理诗学有助于重新审视和想象自然和人类之间的联系，以及这些联系所牵涉的政治性和伦理性。同时，阿克尔也提出马格兰的地理诗学需更加关注社会正义和共同体建设的问题，以及如何通过行动和实践来适应和减缓气候变化。她呼吁对地理诗学与其他领域的实践的深入探讨，如社会运动、教育和艺术，以促进更广泛、更深刻的社会变革。

最后，阿克尔提出了地理诗学与抒情哲学之间的联系，认为诗歌能够通过抒情的方式放下个人自我，指向一些共同的、普遍的情感或状态。她建议地理诗学应该释放语言，让其能够匹配人类所处的环境危机时代。阿克尔以自己的地理诗歌作品展示了地理诗学作为对气候危机和社会不公的关切和反抗（Acker，2021b）。

5.4.5 克雷斯维尔与马格兰的对话：超越地理诗学

克雷斯维尔撰写了一篇文章《超越地理诗学：混合文本》（"Beyond Geopoetics: For Hybrid Texts"），来与马格兰的《气候地理诗学》进行对话（Cresswell，2021）。克雷斯维尔详细解读了马格兰对于气候地理诗学的定义和方法，以及他在文章中使用的三首诗。克雷斯维尔认同马格兰重视气候地理诗学作为一种思考环境危机的不同方式，以及诗歌在这种跳跃中所提供的可能性；也认同诗歌和地理学都是关于空间、地方和移动性的，但也有不同的目的、形式和受众。克雷斯维尔认可马格兰将气候变化作为一个社会和文化问题，以及他提出的地理诗歌可以作为一种创造性的响应的观点。

克雷斯维尔质疑了马格兰对于诗人和诗歌的特殊崇拜，以及他对于诗歌和非诗歌之间的二元划分，并提出了一种超越地理诗歌的主张，即混合文本。克雷斯维尔借鉴了当代诗人和非诗人的实验，主张采用一种跨越诗歌和非诗歌界限的混合形式，来思考和表达环境危机，从而更好地反映当代社会和世界的复杂性和多样性。

针对克雷斯维尔的批判（以及阿克尔、恩格尔曼和纳萨尔的意见），马格兰以《关于形式、自我和地理诗学的潜力》（"On Form, Self, and the Potential of Geopoetics"）给予回应（Magrane，2021b）。在吸纳了几位学者的批评意见后，马格兰讨论了地理诗学项目如何打破学科和形式的固定，以及诗歌和学术写作之间的相互影响和创新。地理诗学能够影响主体性的构成和解构，诗歌完全可以通过抒情的方式表达一种超越个人自我的连接。马格兰展望了地理诗学在应对气候危机和社会变革方面的潜力，以及它如何激发对未来的想象和创造。这个对话中呈现的不同声音和观点，让我们对地理诗学的发展和应用产生了更加深刻的思考。

克雷斯维尔和马格兰都是地理诗学的重要贡献者，他们对于地理诗学的理解既有共同点，也有不同点。两位学者都认为地理诗学是一种探索人与地方、空间、地球和自然之间关系的跨学科研究领域，强调诗性的思维和表达方式。具体来说，他们都认为地理诗学是一种批判性的实践，旨在挑战主流的地理知识和想象，以及背后所隐藏或再生产的权力关系。在这种探索中，地理诗学成为对社会和自然的深刻审视，揭示了隐藏在地方和空间背后的故事，以及这些故事如何构建了我们的认知和体验。同时，他们都强调地理诗学的创造性和多样性，认为它不是一种固定的方法或范式，而是一种开放的探索和对话，可以涉及不同的文体、媒介、形式和声音。这种多样性让地理诗学成为一个充满想象力和创新的领域，使得不同的表达方式可以共同构建一个更为绚烂和复杂的地理诗学图谱。

总体来说，克雷斯维尔更多从社会科学的角度来理解和实践地理诗学，他关注地方、空间和移动性等概念在日常生活中的意义和作用，以及这些概念如何被建构、体验和改变。他的地理诗学作品通常采用散文或散文诗的形式，结合个人叙事、历史考察、文化批判和政治干预。相对地，马格兰更多从人文艺术的角度来理解和实践地理诗学，他关注人与非人之间的相互作用和感知，以及它们与地球系统塑造和被塑造的关系及方式。他的地理诗学作品通常采用诗歌或视觉艺术的形式，并结合了自然观察、感官想象、生态关怀和美学创新。

参考文献

Acker M, 2021a. Gesturing Toward the Common and the Desperation: Climate Geopoetics' Potential[J]. Dialogues in Human Geography, 11(1): 23-26.
Acker M, 2021b. Lyric Geography: Geopoetics, Practice, and Place[D]. Victoria: University of Victoria.
Clark S E, Magrane E, Baumgartner T, et al., 2020. 6 & 6: A Transdisciplinary Approach to Art-Science Collaboration[J]. BioScience, 70(9): 821-829.
Cresswell T, 2021. Beyond Geopoetics: For Hybrid Texts[J]. Dialogues in Human Geography, 11(1): 36-39.
de Leeuw S, Magrane E, 2019. Geopoetics[M]//Antipode editorial collective, Jazeel T, Kent A, et al. Keywords in Radical Geography: Antipode at 50: 146-150.
Engelmann S, 2015. Toward a Poetics of Air: Sequencing and Surfacing Breath[J]. Transactions of the Institute of British Geographers, 40(3): 430-444.
Engelmann S, 2021. Geopoetics: On Organising, Mourning, and the Incalculable[J]. Dialogues in Human Geography, 11(1): 31-35.
Folke C, Polasky S, Rockström J, et al., 2021. Our Future in the Anthropocene Biosphere[J]. Ambio, 50: 834-869.
Magrane E, 2015. Situating Geopoetics[J]. GeoHumanities, 1(1): 86-102.
Magrane E, 2016. A Poem is its Own Animal: Poetic Encounters at the Arizona-Sonora Desert Museum[J]. Ecotone, 11(2): 96-104.
Magrane E, 2017. Creative Geographies and Environments: Geopoetics in the Anthropocene[D]. Tucson:

The University of Arizona.

Magrane E, 2019. Applying the Geohumanities[J]. International Journal of Applied Geospatial Research, 10 (2): 27-38.

Magrane E, 2020. Literary Field Guides and Poetic Inventories in the Extended Rocky Mountain Region[M]// Keables M. The Rocky Mountain West: A Compendium of Geographic Perspectives. Washington, DC: American Association of Geographers: 72-76.

Magrane E, 2021a. Climate Geopoetics (The Earth is a Composted Poem) [J]. Dialogues in Human Geography, 11 (1): 8-22.

Magrane E, 2021b. On Form, Self, and the Potential of Geopoetics[J]. Dialogues in Human Geography, 11 (1): 40-43.

Magrane E, Johnson M, 2017. An Art-Science Approach to Bycatch in the Gulf of California Shrimp Trawling Fishery[J]. Cultural Geographies, 24 (3): 487-495.

Magrane E, Russo L, de Leeuw S, et al., 2019. Geopoetics in Practice[M]. London: Routledge.

Mirocha P, Cokinos C, Magrane E, 2016. The Sonoran Desert: A Literary Field Guide[M]. Tucson: University of Arizona Press.

Nassar A, 2021a. Geopoetics: Storytelling Against Mastery[J]. Dialogues in Human Geography, 11 (1): 27-30.

Nassar A, 2021b. Geopoetics as Disruptive Aesthetics: Vignettes from Cairo[J]. GeoHumanities, 7 (2): 455-463.

Solnick S, 2016. Poetry and the Anthropocene: Ecology, Biology and Technology in Contemporary British and Irish Poetry[M]. London: Routledge.

第6章 当代西方地理诗学的理论发展

6.1 地理诗学与其他诗学

6.1.1 地理诗学与地方诗学

文学中的地方诗学（poetics of place）是一个精致而深刻的概念。埃里克·普列托（Eric Prieto）在《文学、地理与后现代地方诗学》（*Literature, Geography, and the Postmodern Poetics of Place*）一书中对其进行了详细的解读（Prieto, 2012）。该书以当代文学中对地方的表现为主题，深入研究了涉及新地方概念和基于地方身份形成的作品。普列托的视野涵盖了现象学地方、社会生产地方和后殖民地方，他通过分析贝克特、布兰肖、福柯、德里达、格林塔尔、塞萨尔和格利桑等人的文学作品和理论框架，展示了文学如何反映和创造地方，以及地方如何影响人类的主体性和认同。

在这场跨学科的探索中，普列托呈现了一种后现代诗学的地方观，即在两者之间（entre-deux），深刻地反映了地方的本质是动态、多元和混合的，而非静止、单一或本质化的。地方诗学试图通过多样的文学形式和风格呈现地方的复杂性、动态性和不确定性，因而成为一种多元的、批判的后现代诗学。与之相比，地理诗学则是一个相关但不相同的概念。就地理诗学与地方诗学的关系而言，怀特认为地理诗学是一种更为深刻、广阔、活跃的思想和实践[①]。它能够超越传统的学科边界和分类，建立一种全球性、多元性、整体性和创造性的视野和方法，重新连接人类与自然、文化、自我和宇宙的关

[①] 怀特的"Precision Points: Geopoetics and the Other《Geos》"一文发表于2011年，主要讨论了他的地理诗学与其他以"地"为前缀的概念和运动的区别和联系，如地理学、地理哲学、地理政治、地理文化和地理艺术等。见 https://www.institut-geopoetique.org/en/founding-texts/112-precision-points-geopoetics-and-the-other-geos。

系，从而开启一种崭新的生活方式和思维方式（赵佳，2022）。

二者的关系在文学和地理的融合中展现出独特的美感。地方诗学通过文字的细腻描绘，呈现出地方的丰富层次，使读者在文学的世界中感知地方的情感和意蕴。地理诗学则在更广阔的层面上建构全球性的视野，超越地方的狭隘边界，使我们对人与自然和文化之间的关系有了更为宏观和深刻的理解。

在文学的广袤领域中，地方诗学和地理诗学是汇聚于同一条河流的两股清泉，虽然各自有着独特的涟漪，却在深邃的水波中共鸣交汇。①二者共同继承了文化地理学、认知科学和哲学等多元领域的理论和方法，试图摆脱传统的二元对立，如主体/客体、中心/边缘、科学/人文等，旨在以多元的角度理解和解构地方的复杂性。②二者都深刻认识到地方不仅是一个物质的空间，更是一个充满意义和价值的存在，与人类的感知、记忆、情感和身份等紧密相连。这不仅是对地理审美的赞歌，更是人类内心深处的共鸣。③二者都关注后现代主义、后结构主义和后殖民主义等思潮对地方观的挑战和改变。在全球化、多元化和流动化的背景下，地方经历着前所未有的影响和危机，这促使这两个概念深入探讨文学作品在这些变革中的角色，以及如何通过诗性的想象和表达来呈现全新的地方观和地方身份（Prieto, 2011）。

尽管有共通之处，地理诗学作为一个更广泛的概念，仍然超越了地方诗学的局限。前者不仅包含了对具体地方的观照，更涵盖了呈现并理解地球整体的哲学方法。地理诗学强调人类与自然界的整合和互动，试图通过不同的艺术形式和科学方法揭示并创造新现象和新领域（Corbett et al., 2021）。

总体而言，地方诗学和地理诗学的联系在于二者都共同关注文学与地理的互动，深刻尊重地方和地球在人类生活中的价值，运用诗意想象力作为一种认识工具。二者的区别在于所关注的尺度和范围，地方诗学更注重于对具体、特定和有限的地方进行描述和分析，而地理诗学则倾向于对抽象、普遍和无限的地球进行探索和创造。这是一场关于地方与地球的对话，是思想和感官在文学上的奇妙相遇。

6.1.2 地理诗学与生态诗学

另一个与地理诗学相伴的概念是生态诗学（ecopoetics）。二者都关注文学与环境之间关系的理论和实践，是那些充满生态关切或信息的诗歌的代言者。尽管许多诗人、诗歌和诗集都表达了对生态的关切，生态诗学这一术语直到最近才开始得到广泛运用①，并被定义为一种充满系统分析和批判的诗学，质疑自然与文化的二分的同时承认人类对世界的过分开发与利用。生态诗学成为改变读者认知的工具，反映了从人类中心主义向生物中心主义的转变。生态诗学汲取了生态批评学的精髓，作为一种积极的哲学，致力于减少西方话语中将人与自然世界划分的二元思维。

在《生态诗选》的序言中，Fisher-Wirth 等（2013）提出了生态诗的三种类别：浪漫主义和美国超验主义塑造的自然诗、关注环境破坏的环境活动家诗歌，以及直接涉及形式问题的生态诗（挑战历史上理所当然的形式——单一、一致的自我）。与地理诗学相比，生态诗学更注重生态系统的多样性和复杂性，以及人类与其他物种和自然界的相互作用与责任。它是一种将人类活动与环境相联系的写作方式，一种连接到世界的方式。作为一种描述拥抱生态必要性并寻求个人敏感性和社会变革的诗歌，生态诗学已被约翰·伯恩赛德（John Burnside）、朱莉安娜·斯帕尔（Juliana Spahr）和马里奥·佩特鲁奇（Mario Petrucci）等作家引用②。生态诗学的代表作品包括斯帕尔编辑的《生态诗学》（*Ecopoetics*）杂志、杰克·科洛姆（Jack Collom）和凯莱布·巴伯（Caleb Barber）编写的《诗歌与生态学的实践》（"The Practice of Poetry and Ecology"）、斯帕尔的《每个人与肺的联系》（*This Connection of Everyone with Lungs*）、弗罗斯特·甘德（Forrest Gander）的《世界岩心样本》（*Core Samples from the World*）等。

在地理诗学的探索中，一些思想家和作家的影子浮现，他们试图远离"西方文明的高速公路"，其中包括尼采、兰波、梭罗等大师的智慧传承。这是一场关于如何以全新的视角和可能性，通过创意的语言来重新连接人类与自然世界的盛宴。而生态诗学更专注于当代社会运动和生态问题之间的纽带，以及如何通过诗歌来干预和对抗资本主义、全球化、气候变化等带来的环境破坏。这是一场有关当下挣扎和反抗的战役，是对人类行为和社会结构的审判（Brown，2022）。

---

① 生态诗学是一个相对较新的术语，它在 20 世纪末由一些美国诗人和学者提出，用来描述一种关注生态、政治和创新的诗歌理论和实践，它不同于传统的自然诗歌，而是试图通过多种语言形式和策略来反映和回应环境危机。详见 https://www.poetryfoundation.org/learn/glossary-terms/ecopoetics。

② https://www.poetryfoundation.org/learn/glossary-terms/ecopoetics。

重返大地:地理诗学的思想之旅

斯帕尔的生态诗学与怀特的地理诗学有着不少契合之处[①]。二者都以创造性的语言提出全新的视角和可能性,试图重新编织人与自然界的联系。二者共同关注生态危机和环境变化的问题,揭示人类与自然界之间错综复杂的关系。

斯帕尔和怀特在表述人与自然界的关系时采用了多样的语言风格和形式,包括叙述、对话、列表、重复和引用等,展示了这些关系的多样性和动态性。然而,如果深入挖掘二者的差异,斯帕尔则更加强调生态系统的多样性和复杂性,以及人类与其他物种和自然界的相互作用及责任。她通过系统分析来揭示这些关系的历史和政治背景,同时也以诗歌的感性力量来唤起对自然界的敬畏和爱[②]。在这绵延的文学领域中,斯帕尔的长诗《每个人与肺的联系》深刻而激荡[③],它不仅是对人与自然纷繁联系的考察,更是对全球化、殖民主义、战争、种族和性别等影响因素的深切思考。斯帕尔通过巧妙运用叙述、对话、列表、重复、引用等多样的语言形式,描绘了人类与自然界错综复杂的关系,在系统分析中揭示了这些关系的历史和政治底蕴。在这片文字的土地上,她不仅用学术的笔触来书写,更通过诗歌的感性力量唤起对自然界的敬畏和爱。

相对地,怀特更注重将地球视作一个整体,以及探索一种以地球为中心的诗学来统一不同领域的知识的方法。他试图通过地理诗学与地球相连,并且从现实生活中汲取人们不同的表达形式,如口头表达、写作、视觉艺术、音乐,以及与科学和思想结合的不同艺术形式。这是一场与世界深刻而智慧

---

① 朱莉安娜·斯帕尔是一位美国诗人、评论家和编辑,她的诗歌和学术研究都关注了生态、语言和政治等主题。她的生态诗学是一种探索人与自然、本土与全球、个体与集体之间的关系的诗歌实践,既借鉴了抒情传统,又尝试了更多的实验性形式;不仅表达了对环境危机的担忧和批判,也展现了对多样性和连通性的赞美和追求。诗集《每个人与肺的联系》通过反复使用"Everyone with lungs"这一短语,来强调人类共同呼吸着同一片天空下的空气,无论他们身处何方,无论他们是否被战争所影响。这本诗集试图打破国家、种族和性别等划分群体的界限,呼唤更广泛的生态意识和责任感。诗集《变革》(*The Transformation*)是在作者从夏威夷州搬到加利福尼亚州后写成的,记录了作者对自己的身份和所处环境变化的感受。这本诗集探讨了如何在一个多元化而又殖民化的社会中寻找归属感,如何在一个被资本主义和消费主义所主导的世界中保持生态正义和抵抗精神。诗集《狼来的那个冬天》(*That Winter the Wolf Came*)是在2011年美国占领华尔街运动期间写成的,反映了作者对当代社会运动和生态危机的观察和思考。这本诗集使用了多种语言风格和文体,从抒情到讽刺,从散文到列表,用以表达对资本主义、全球化和气候变化等问题的批判和担忧,同时也展现了对集体行动和社会变革的希望和信念。
② https://www.poetryfoundation.org/poets/juliana-spahr。
③ https://mills.northeastern.edu/people/juliana-spahr/。

的对话，是对生命、自然、艺术和哲学共振的思索。

总之，地理诗学更注重地方的独特性和多样性，它是对地球上每一个角落的细腻关照。而生态诗学则更关心自然界的整体性和危机性，是一种对生态系统的思索。生态诗学与自然诗歌相通，更强调人类活动对自然的威胁。它不仅聚焦于主题，更在形式上探索自然与文化、语言与感知之间的交织。尼尔·阿斯特利（Neil Astley）编写的《震撼地球：生态诗》（*Earth Shattering*：*Ecopoems*）则是生态诗学探索的巅峰之作，300多首诗歌汇聚了世界各地的声音，反映了人类与自然的冲突与危机，以及这些问题如何深刻地影响着人类的生存和幸福（Astley，2007）。

此外，地理诗学更倾向于从现象学和人文主义的角度理解地方，试图将诗歌看作地方和空间的实践。空间与地方的概念被区分开来，空间被视为无限的、空虚的和可分割的，而地方则是有界的、充实的和独特的，是一种受解释性理解的存在。生态诗学则更注重从生态学和环境主义的角度理解自然。这是一场对自然界与人类互动的深刻思考，是一种连接世界的写作方式。在这片文学的沃土上，地理诗学和生态诗学如两朵绽放的花，各自独特而又交相辉映。

6.2 西方地理诗学的不同实践路径

6.2.1 当代地理诗学的实践性

《实践中的地理诗学》是一部挑战常规的文学与地理学之间关系的创新之作，由埃里克·马格兰、琳达·拉索（Linda Russo）、莎拉·德·莱乌（Sarah de Leeuw）和克雷格·佩雷斯四位引领者联袂编辑。该书穿越了不同国度和文化的界限，聚焦24篇来自地理学、诗歌以及艺术领域的研究、方法论和创作，将地理诗学视为一种实践。它致力于以批判性且创造性的地理学视角，为我们呈现有关诗歌、地方、生态和书写世界的深刻洞察。《实践中的地理诗学》旨在以一种实际而富有创造力的方式，通过文学的视角来揭示和解构空间、地方、生态和书写的多面性（Magrane et al.，2019）。该书分为三个部分：记录、阅读和干预。每个部分都从不同角度呈现了地理诗学对当代社会和文化议题的批判性和创造性回应。

第一部分记录（"Recording"）包含八个章节，展示了诗人和地理学家如何以创造性的方式记录地理现象和地方经验（Dodds，2019）。这一部分

重返大地：地理诗学的思想之旅

跨学科地通过诗歌、图画、摄影、声音、行为、装置艺术等多种媒介，展现出地理学家和诗人对于观察和感受的独特呈现。地理诗学涉及各种地理区域、文化背景、历史情境和生态问题，其多元性在书中得以充分展现。第一部分的核心理念在于，地理诗学不仅是一种被动记录和描述的方式，更是一种积极参与和干预的方式，在激发对空间、地方、环境、身体、社会和政治等方面的深思和行动上起到了关键的作用。

第二部分为阅读（"Reading"），将我们引入地理诗学的理论领域，透过文学、艺术和哲学作品，深入分析和讨论诗学与地理学之间的关系与内涵。卡尔维诺的《看不见的城市》和《六个提案》、桑德堡与金斯堡的描绘诗歌等作品都是对地方和空间充满诗意的诠释与表达。第二部分呈现了地理诗学的方法论，通过多样的实践和技巧，勾勒出诗学与地理学之间的交融与创造。这些实践方式包括行走、观察、记录、写作、阅读和回应等多种形式，是对地方和空间富有诗意的参与和表达。地理诗学的多元性得到展示，不同国度、背景、语言、文化和身份等多方面因素都呈现出独特的地理诗学视角和立场，影响了地理诗学的方法、主题和风格，使地理诗学呈现出多样性和复杂性。此外，这一部分凸显了地理诗学的批判性和变革性，通过对现实世界的质疑和改变，为抗衡或超越殖民主义、全球化、气候变化和社会不公等问题提供了独特的可能性。这些问题在当代社会中普遍存在，而地理诗学以诗意之笔，为我们呈现出一种崭新的观点和解决策略。

第三部分为干预（"Intervening"），深入呈现了地理诗学的实际运用，通过多样的艺术形式和媒介，探索并介入不同的地方和空间，以及与之相关的环境、社会和文化议题。这些艺术形式和媒介包括诗歌、绘画、摄影、录像、音乐、地图和网站等，都是对地方和空间充满诗意的参与和表达。这一部分展示了地理诗学的多元性，通过不同国度、背景、语言、文化和身份等多方面的因素，呈现出地理诗学不同的方法、主题和风格。这些因素塑造了地理诗学的视角和立场，使其呈现出多样性和复杂性。跨学科、跨领域、跨媒体等多方位的对话和交流凸显了地理诗学的合作性。这些对话与交流不仅推动了地理诗学的创新和发展，更加深了地理诗学在各领域的影响与传播。

《实践中的地理诗学》展示了地理诗学的实践性和批判性，反映出地理诗学不仅是文学创作的一种形式，更是对当代世界复杂性和变化性的积极而有创意的回应。这本书通过持续尝试新的表达形式、对话方式和合作关系，带领我们走向对这个世界更为深层次理解。

6.2.2 女性主义流派

女性主义视角下的地理诗学，融会了学术深度与艺术创造的精华，其探讨不仅展示了女性主义地理学的理论与方法，更呈现了女性诗人独有的风格与创造力（Marston and de Leeuw，2013）。该流派不仅具有对空间与地方的冷静观察和文字描摹，更体现了女性对赋权和解放的坚定追求。女性主义视角下的地理诗学成为一种理论框架，深入研究女性在地理空间中的经历、权力关系和认同（Noussi，2014）。这一视角涵盖了如何塑造地理空间和空间塑造如何受性别影响的深刻思考，并强调女性如何通过地理诗学来表达自身的身份、经验和权力，主要包括以下方面：

（1）空间与身份。女性主义地理诗学强调了地理空间对个体身份和经验的塑造。女性经验与地理环境相辅相成，因此地理诗学被运用于深度挖掘女性在不同地点和空间中构建个体和集体身份的过程。以琳达·拉索的研究为例，她通过探讨抒情诗歌与批判性地理学之间的关联，揭示了它们如何在对空间、地方和身份等议题的思考及干预中相互呼应（Russo and Reed，2018；Russo，2004）。她认为，抒情诗歌是一种能够表达个人和集体情感、经验、回忆、想象等方面的语言形式，而批判性地理学则是一门能够剖析空间生成、权力关系、社会运动等的学科，二者存在互补和对话的关系，共同构筑出丰富的诗意图景。

（2）身体与空间。女性主义地理诗学聚焦于女性身体与空间的联系，包括对女性身体在公共和私人空间中的感知、定位和权力动态的深入研究。女性通过地理诗学表达对身体自主权和空间需求的深刻关切。以安吉拉·罗林斯（Angela Rawlings）的作品"Geopoetics of Intime and（SUND）：Performing Geochronology in the North Atlantic"为例，她通过一系列诗歌实验，描绘了在冰岛、法罗群岛和挪威的经历，展示了如何通过诗歌、声音、行为和物质来探索北大西洋地区的时间性、空间性和生态性（Rawlings，2019）。这类诗学探索了女性在特定地理环境中的身体感知，以及她们如何通过诗意的方式来回应、诠释和改变这些空间。

（3）地方性的女性经验。这一视角强调了不同地理环境对女性生活经验的深刻影响。地理诗学被用于记录和探讨女性在城市、农村和边缘地带等多元地方的经历，揭示了地方性对女性权力、自主性和社会地位的独特塑造。黛安娜·沃德（Diane Ward）在其诗歌作品《追溯积累带来的性别剥夺》(*Borne-away：Tracing a Gendered Dispossession by Accumulation*)中,通过关注诗歌形式的物质性与世界的物质性之间的辩证关系来审视权力、身体和性别关系(Ward,2019)。她以诗意之笔描绘了那些因积累而导致的性别剥夺,将观念与实体相互交织,呈现出对于地方性女性经验的独到洞察。

(4)权力与抵抗。女性主义地理诗学聚焦于权力结构和女性抵抗的深层议题。女性通过创造性的艺术和诗学表达,深入探讨她们在地理空间中受困的现实,以及如何通过抵抗和创新来改变这些权力动态。艾米莉·麦吉芬(Emily McGiffin)的作品《图克拉·波斯瓦约的居住诗歌》("Thukela Poswayo's Poetry of Dwelling")是一部关于南非黑人女性主义地理学的作品,介绍了南非黑人女性诗人图克拉·波斯瓦约的诗歌创作,展示了基于居住和关怀的地理学视角(McGiffin,2019)。波斯瓦约通过对日常生活中的物品、场景和人物等进行描述和赋予意义,表达了对南非黑人女性生存状况和社会变革的深刻关注。她以诗篇之言呈现了对权力结构的敏锐洞察,以及对女性抵抗的艺术性解构。

(5)环境正义。女性主义地理诗学对环境正义的关切也是极为重要的。它深入研究女性如何受到环境变化、污染和资源不平等分配的影响,以及女性如何通过地理诗学来呼唤环境正义的问题。克里斯·特恩布尔(Chris Turnbull)的《路线》("Rout/e")介绍了她在加拿大安大略省进行的一项公共艺术项目,通过将诗歌巧妙地嵌入非城市空间,促使人们深度思考自然环境与人类活动之间的错综关系(Magrane et al.,2019)。她以文学之美勾勒出对自然环境的关切,为环境正义发声,不仅运用地理诗学探讨了环境问题,更在诗意的抒发中提醒我们对自然的责任与爱护。

女性主义地理诗学的独特之处在于它不仅是对地理学的理论探讨,更是对女性体验和权力动态的深度反思;不仅通过学术研究窥探空间中的性别角色,更通过艺术表达呈现女性在空间中的独特生命力[①]。这一诗学不仅关注

[①] 莎拉·德·勒乌的诗歌创作——尤其是作品《一个情人的地理》(*Geographies of a Lover*),深刻地融入了女性主义的政治理念。她批判了对地理、生态和地质概念(如"人类世"概念)的冷漠态度,强调了重新审视和理解这些概念的重要性。德·勒乌在阐述她作为诗人的工作时,提出了地球可持续发展的巨大潜力,这种潜力可能由身体——特别是女性的身体——通过移动和被移动来体现(de Leeuw,2012)。这种"被感动的潜力"是创意地理学中一个核心的驱动力。学术文章通常以一种理性和有序的方式构建知识,而诗歌则在联想和直觉中发挥作用,能够激发读者的想象力,触动其情感和感官体验。德·勒乌的散文诗在内容和形式上都创造了一种强烈的动态感和体验感,其中恋人的身体与自然景观紧密交织在一起。

学科交叉的思辨，更在其文字间流淌着女性独有的情感和力量。女性主义视角下的地理诗学以其深邃的洞察和独特的表达方式，成为赋予女性声音的一支崭新诗意之笔，将女性在不同地理环境中的经历、权力动态和对环境正义的追求呈现得淋漓尽致。这不仅是对女性主义的关怀，更是对地理学与诗学的融合，创造出一片充满理性和感性的文学园地。

6.2.3 后殖民主义流派

后殖民主义视角下的地理诗学，是对后殖民时代的深刻反思，将地理、生态、文化、历史和政治等交织于诗歌创作和批评的实践中，旨在抗拒和颠覆西方对非西方的殖民话语和文化霸权，同时致力于恢复和弘扬非西方的地理想象和文化多样性（Serra，2017）。这一视角下的地理诗学呈现出以下几个显著特点：

（1）地理经验和地方认同。后殖民主义地理诗学聚焦于被殖民者的地理经验和地方认同，深入探讨其与殖民者的地理关系和地方冲突。相关作品通过诗歌探索和表达被殖民者的地理记忆、地理创伤、地理抵抗和地理复兴等主题，以及在殖民和后殖民的地理空间中，被殖民者如何寻找自我位置和价值。例如，萨迈尔·法鲁克（Sameer Farooq）和贾里德·斯坦利（Jared Stanley）的作品《Terma：一种对话》以对话的形式，叙述了在尼泊尔喜马拉雅山脉追寻藏传佛教隐藏教义的过程，通过诗歌、摄影和装置艺术呈现了这一寻找过程的深刻经历（Farooq and Stanley，2019）。

（2）环境和生态正义。后殖民主义地理诗学关注被殖民者的生态视角和生态正义，探讨与殖民者的生态危机和生态冲突。相关作品通过诗歌探索和表达被殖民者的生态知识、生态伦理、生态权利和生态责任等主题，以及在殖民和后殖民的生态环境中，被殖民者如何保护自身的生态利益和生态尊严。克雷格·佩雷斯的作品《太平洋岛民的地理诗学》（"Indigenous Pacific Islander Geopoetics"）以太平洋岛屿原住民诗人的视角，探讨原住民在殖民主义、全球化和气候变化等压力下，如何在边缘化的空间中进行抵抗、恢复和创新（Perez，2019）。作者通过自身的诗歌创作，展示了如何运用原住民语言、知识、故事和象征等，表达对土地、水域、祖先和文化的深切归属感和责任感。

（3）文化多样性。后殖民主义地理诗学将目光聚焦于被殖民者的文化多样性和文化混杂，深度探讨其与殖民者的文化交流和文化冲突。相关作品通过诗歌的探索和表达，描绘被殖民者的文化传统、文化变迁、文化融合和文化创新等主题。其中，金伯利·布莱泽（Kimberly Blaeser）的作品《水的宇宙论：阿尼什纳贝水域地理学中的图画诗学和重叠》（"A Cosmology of Nibi: Picto-Poetics and Palimpsest in Anishinaabeg Watery Geographies"）引领我们进入阿尼什纳贝人的水域地理学之旅，图画、诗歌和故事成为表达对水（Nibi）的敬畏、感恩和责任的独特媒介（Blaeser, 2019）。

（4）历史叙事。后殖民主义地理诗学聚焦于被殖民者的历史观点和历史修正，以及与殖民者的历史对话和历史冲突，通过诗歌呈现被殖民者的历史记忆、历史批判、历史重写和历史想象等。约翰·普吕克（John Pluecker）深入探索了Karankawa人在得克萨斯东南部沿海地区的历史和文化，以诗歌、行动和社区参与抵抗殖民主义和消失主义（Pluecker, 2019）。

（5）全球政治参与。后殖民主义地理诗学聚焦于被殖民者的政治立场和政治参与，以及与殖民者的政治合作和政治冲突，通过诗歌探索和表达被殖民者的政治诉求、政治策略、政治行动和政治愿景等。哈莉特·塔罗（Harriet Tarlo）和朱迪斯·塔克（Judith Tucker）的合作项目通过绘画、摄影和录像等媒介，对印度和英国两地的环境、社会和文化问题进行深入分析，并且将自然景观与人类活动交织，创造出了一种新颖的地理诗学表达（Tarlo and Tucker, 2016; Tarlo and Tucker, 2017）。

在这个独特的地理诗学领域里，后殖民主义思维与诗歌艺术相互交融，共同绘制出一幅复杂而富有诗意的文学图景。地理诗学经由诗人的笔触成为跨越时空、连接殖民历史与未来憧憬的纽带，为非西方文化注入了强大而独特的声音。文学之美与地理之思相得益彰，构筑起一座通向多元文化、历史深度和全球政治参与的精巧桥梁。通过诗歌之笔，后殖民主义地理诗学成为一个富有诗意的丰富舞台，呈现出文化的多彩交响。

6.2.4 后人类流派

在纷繁的日常中，后人文主义默默地探寻，穿梭于哲学、文化和艺术的意蕴之间。它并非一场宏伟的宣言，而是对以人为中心的世界观的默默挑战，是对人类、动物、机器和环境错综复杂关系的深入追问（Milne, 2018）。在卡里·伍尔夫的笔下，《什么是后人类主义》带来的不仅是对人文主义的解构，更是对空间的重新审视和雕塑。伍尔夫借用德勒兹和吉塔利的概念，细致地划分了光滑空间和条纹空间，提示我们超越规训和控制，融入流动与创造的光滑之境。这是对内心深处的调查和对自由及创意的追求（Wolfe，2009）。

后人类视角下的地理诗学是一片未被开发的矿藏，探讨着科技发展和生物进化对人类与地理空间关系的潜在影响（Dixon et al.，2012）。在这片新兴的研究领域中，我们看到了新的诗学和伦理感性结合的可能性，一种与地球及其多元居民相适应的感性。这场实践的探险邀请我们以全新方式重新思考人类在这个世界上的位置和角色（许栋梁，2021）。地理诗学成为对当前危机的一种回应，一种对所有生物生存和福祉威胁的深刻关切。它关注着人类的身体、认知和情感如何在地理环境中产生交流，也注视着非人类的生命形式、智能系统和虚拟空间如何参与到地理诗学的构建和解读中。地理诗学挑战了人类中心主义和二元对立思维，提出了更为开放、多元和复杂的地理诗学理论和实践（Corbett et al.，2021）。例如，生物技术就像一场美妙的交响乐，影响着人类身体和诗歌的边界（Roberts，2021）。蒂姆·迪恩（Tim Dean）的分析描绘了诗人如何娴熟运用生物技术的诗学元素，创造出一种反映后人类身体经验的地理诗学。这并非一场冰冷的实验，而是一种对身体物质性、流动性和连通性的敏感体验，像音符在宇宙中流转，让我们陶醉其中[①]。

后人类视角下的地理诗学犹如一扇打开的窗户，透过传统的地理诗学，提出新的问题和视角，为诗歌的阅读和创作注入新的可能性和视野。其中，克里·巴纳泽克（Kerry Banazek）的《身体属于世界：关于地方、视觉和脆弱性》（"Bodies Belong to the World: On Place, Visuality, and Vulnerability"）细致勾勒了诗人如何通过视觉媒介，展现并反思自身与地方的纠葛，揭示出身体和社会的脆弱性（Banazek，2019）。

约翰·瑞安（John Ryan）的《地震或地形诗学》（"Seismic, or Topogorgical, Poetry"）如澳大利亚西部的诗意舞蹈，通过诗歌、科学数据和数字媒体，表达了对地震活动及其影响的感知和反思。诗意与科学在数字媒体的交汇中，勾勒出地形的起伏，让人身临其境，感受地球的脉搏，获得跨越时空的体验（Ryan，2019）。

伊丽莎·迪克森（Elissa Dickson）和纳森·克莱（Nathan Clay）的《地理诗学作为合作性遭遇：科罗拉多河诗意政治生态的演绎》（"Geopoet-

---

[①] https://modernamericanpoetry.org/tim-dean-riprap。

ics as Collaborative Encounter: Performing Poetic Political Ecologies of the Colorado River")是一场横跨科罗拉多河的声光之旅。作者以音乐、摄影和录像等媒介与河流对话，将环境、社会和文化问题编织，创造出一种新颖的地理诗学表达。(Dickson and Clay, 2019)。

基斯康布（Giscombe C S）的《黑山狼/关于地区的笔记》（"Negro-Mountain-Wolves/Notes on Region"）是一首穿梭于美国东北部的历史、地理和文化之间的长诗。作者以旅行、阅读和写作为笔，通过语言、声音和节奏展示出对地方和身份复杂而多样的诗意理解。这场动物的漫游，在黑山的静默中倾听其身世（Giscombe, 2019）。

6.3 多模态的地理诗学

6.3.1 艺术性的地理创意

马格兰在《定位地理诗学》中勾勒出地理诗学三种模式的轮廓，即艺术性的地理创意、文学性的地理批评以及思想性的地理哲学。艺术地理借助各种艺术形式表达对空间和地方的感受与想象。于是，地理诗学便走进了艺术地理的殿堂，注入了更深刻、更广阔、更活跃的思想和实践，以增加对空间和地方的知性与诗性。这场思维的拓展让地理诗学在全球范围内找到了自己的声音，与其他以"地"为前缀的概念和运动相辅相映。在地理诗学的舞台上，艺术性地理创意注重通过创造性的表达方式探索地理概念和空间经验。

首先，情感与体验在艺术性地理创意中得到了充分的表达。地理诗学强调了个体在地理空间中的独特视角，通过个体的经验和情感，艺术作品呈现出不同于客观地理学分析的主观体验。这是一次直面个体差异性的旅程，通过诗歌、文学、绘画、音乐和影像等多种媒介，艺术作品以非常规的方式传递情感和感知。

其次，感官体验在艺术性地理创意中得以显现。地理诗学通过文学、绘画和摄影等媒介，以诗意的表达方式，试图捕捉和传达地理空间中的感官体验，包括视觉、听觉和触觉等感官。艺术性的手法让观众更直观地感受空间的美感和情感。在探索的律动中，地理诗学与情感地理学相互融合。情感地理学将关注焦点集中在情感与地理空间的独特互动上，而艺术性地理创意则通过独特的艺术形式呈现情感地理学所关注的附着、身份认同和归属感等主题。艺术性地理创意在交汇中扮演着关键的角色。通过诗意和情感的妙语，艺术家传递出地方独特的氛围、历史的沉淀、文化的斑斓，翩然展开情感的地图。这种创意的表达方式犹如一场感官的狂欢，使地方感知变得更为深刻和具体，呈现出别样的美感和主观情感与体验的丰富性。

再次，艺术性地理创意不仅将地理空间视作客观存在，更将其赋予了诗意的解读，犹如一幅抽象的地理概念图景被赋予了生命的呼吸。艺术家和诗人通过独特的视角和个人经历，将地理概念融入个性化的表达形式中，赋予地理空间更为丰富和深刻的内涵。在这个过程中，地理诗学是时间的诗篇，强调着空间不断变化发展的历史性。通过艺术的手法，地理空间在时间的涟漪中展现出过去、现在和未来的交融。

在自然与文化的交融之境，艺术性地理创意描绘着自然景观与人类文化在地理空间中的密切互动。艺术家以艺术的语言将自然的壮美影响传递至人类情感的至深处，并表达人类文化对自然环境的雕塑之力。在这个交织的世界里，地理诗学以艺术性的表达形式展示了自然与文化的融合，将地理空间视为自然元素和人类文化的神秘交汇点。这种诗意的解读强调了环境中自然与人类活动相互交织的关系，将大自然与人文的旋律交织成和谐的音符。

最后，地理诗学并不局限于自然与文化的交融，而是通过诗意的方式呈现了社会问题，如城市化、环境破坏等。艺术性地理创意的作品成为社会问题的一面镜子，引起人们对相关问题的关注和深思。艺术家探讨地理空间中的权力关系、身份认同和文化记忆等主题，为观众呈现了对地理现象更为全面的解读。这是一场社会变革的启发，艺术手法成为引导人们思考可持续性、社会公正和环境保护等议题的催化剂。地理诗学通过艺术情感和体验的表达，唤起人们对社会和环境问题的关注。艺术作品传递着对环境变化、社会不平等等问题的情感回应，引发观众内心的共鸣与深度思考。

总体而言，地理诗学以一种具有独特诗意的方式，超越了传统地理学的客观描述。这是一场感性的探索，一场深刻的心灵之旅。艺术性地理创意为地理学的方法论注入新的活力，使地理空间的解读变得更为多元、感性和个性化。这种创造性的表达方式为人们提供了更深层次、更具启发性的地理学体验。地理诗学的旋律引领着我们穿越自然与文化的交织之境，感知着地球的脉搏与人类的情感。

6.3.2 文学性的地理批评

作为地理批评的一翼，地理诗学成为一种独特的批判性方法，聚焦于空间和地方在文学作品中的呈现和深意，以及文学作品如何映照并塑造空间与地方的生态和变迁。文学地理学不仅为我们提供了对空间转向、地理想象力及地理学科深层思考的理解，更提供了一个关乎地理学重要议题的丰富文学宝库。

文学地理学的理论立足于一种观念，即空间和地方并非简单客观实体，而是社会、文化、政治和历史关系的复合体，也是主体性、身份、记忆和想象的承载者。这一理论框架汲取了人文地理学、空间转向、后结构主义和后殖民主义等多元理论视角，以探讨文学作品中的空间诗意、空间修辞、空间叙事、空间隐喻和空间符号等多重空间化的文学策略和效果。

地理诗学理论在与其他文学批评方法的对比中显现出的独特在于：①地理诗学更侧重于文学作品的主观性、创造性和表现性，而非客观性、分析性和描述性。该理论认为文学作品并非对现实的单纯模仿，而是对现实的再创造和重构，空间和地方是作者主观选择和表达的产物，亦是读者主观解读和体验的对象。②地理诗学更注重文学作品的形式和风格，而非单纯的内容和主题。空间和地方在文学作品中既是内容的元素，更是形式的构建，通过语言、符号、图像和声音等多种媒介传达，并以叙述、对话、比喻和象征等手法展示和影响。③地理诗学理论更聚焦于文学作品的多样性和特殊性，而非普适性。空间和地方在文学作品中具有历史、文化、政治和社会的特质，与作者的身份、背景、经历和立场紧密关联，也与读者的期待、情感、想象和评价紧密相连。

地理诗学理论的广泛应用穿越了不同类型、流派、时代、地域、民族和语言的文学作品，并涵盖各种文学形式、风格、技巧、主题和意象等。这一理论的独特之处在于从空间和地方的角度审视文学作品的内涵和外延，揭示作品与社会、文化、历史和政治的纷繁关系，评估作品的创造性和影响力，并深探作品的美学价值和文化意义。①

在古典诗歌领域，地理诗学能够细致分析《诗经》的风雅颂、《楚辞》的湘江之歌、唐诗的山水田园和宋词的江南风光等。这些诗词不仅反映了诗

---

① 对于中国文学而言，地理诗学依然有很大的发挥空间。

人的生活环境和情感体验，也承载着诗人的思想观念和审美趣味，展示了不同地域和时代的文化特色和历史变迁。

在我国近现代小说领域，地理诗学能够深入剖析鲁迅《呐喊》中的故乡、老舍《骆驼祥子》中的北京、巴金《家》中的四川、张爱玲《金锁记》中的上海、莫言《红高粱》中的东北，和余华《活着》中的农村等。这些小说中的空间和地方不仅是背景和场景，更是构成了小说的主题和符号，塑造了小说的结构和叙述方式，以及人物的性格和命运。

在我国当代诗歌领域，地理诗学可以用于审视北岛《回答》中的荒原、顾城《远和近》中的星空、芒克《雪夜》中的森林、多多《河流》中的河流、海子《面朝大海，春暖花开》中的大海、舒婷《致橡树》中的橡树等。这些诗歌不仅表达了诗人的主观感受和想象力，同时也反映了诗人的社会关怀和文化批判，展现了诗人的语言艺术和诗意空间，以及诗歌的美学效果和文化影响。除此之外，地理诗学还关注诗人如何在与大地的交融中找回肉身和感官的灵敏，通过漫步、漫游等地理实践进行思想交流和集体创作，以及如何将诗歌与地理空间形成同构关系，共同构筑存在的深邃向度。综合而言，地理诗学为我们打开了一扇通向文学与地理的奇妙之门，它不仅深刻解构了文学作品中的空间与地方，更呈现出富有启示性的深度解读。

6.3.3 思想性的地理哲学

地理哲学是一种试图在哲学中融入对空间和地方的思考与关注的思想，提供了关于空间性和存在性的概念和问题。在地理哲学的基础上，地理诗学试图引入诗意的语言和思维，及跨学科和跨文化的视角与方法，从而增强对地球的感知和表达。地理诗学从地理学者的角度深刻而独特地影响着地理哲学。透过诗意的表达，地理诗学将空间和时间注入情感的维度，为我们对地理现象的感性理解提供了丰富的可能性。在地理学者和诗人的交汇处，文学与理论相互融合，构建起一座通向感性理解的桥梁。时间和空间在地理诗学中并非冰冷的坐标，而是被赋予了生命力和情感的元素。透过诗歌，我们不仅感知到时间的流逝和空间的深邃，更体验到情感的跃动，为地理哲学注入了一种更加直观、更为人文主义的维度。

地理诗学对西方过去 2500 年的思维和实践进行了深刻批判，指出了将人类与自然世界分隔的问题。它指出宇宙是一个潜在的整体的概念，可以通过将地球放置于经验中心的诗学来整合分离的各个领域知识。与地理哲学相

重返大地：地理诗学的思想之旅

比，地理诗学并不一定导致直接的思想结果。怀特在 1992 年提到"我们关注的是一种新的世界感觉"，这是一种与地理思想相伴的感觉。地理诗学与地理哲学之间存在着深刻而有趣的相互影响，二者在理解和表达地理空间方面提供了独特的交叉视角。地理诗学通过对地理元素的想象和比喻，强调了情感与地理之间的联系。诗歌创作能够为山脉、河流和季节变化等赋予深刻的情感和意义。在描绘这些地理要素时，诗人巧妙地将地理空间与内在情感相融合，使得地理空间不再只是冰冷的坐标，而是充满了生动的情感和生命力。这种诗意的表达方式赋予地理空间更加丰富的层次，使其成为感性和具体的存在。

地理哲学通过对地理空间的精细分析，深刻思考着空间，映照出人类对周遭环境的认知和理解。这与地理诗学的理念息息相通，因为诗歌能够透过情感的宣泄来深化对地理现象的思考。例如，哲学中的地理空间可能被视为表达个体、社会和文化观念的符号，而地理诗歌则通过独特的语言形式和艺术手法展现这些符号的深刻内涵。在哲学的高度上，地理诗学引领我们对时间与空间进行新的思考。传统的地理哲学往往侧重于描述空间的几何特性和时间的线性流逝，而地理诗学通过表达情感、描绘景象，将时间和空间渲染得更加具体而多维。这种表达方式挑战了传统的哲学观念，为地理哲学带来了新的可能性。

地理诗学与人文主义地理学紧密相连。人文主义地理学专注于个体与地理环境之间的互动，而地理诗歌正是通过诗人个体的经验来传达这种互动。地理诗歌让我们更深刻地理解人类与地球的关系，以及地理环境如何塑造和反映个体身份认同。地理哲学强调自然与文化之间的互动，而地理诗学通过对自然景观和人文环境的诗歌创作，将这一思考方式具体呈现。诗歌中对自然元素的歌颂和对文化地标的描绘，使地理哲学的抽象概念更富有情感共鸣。从艺术的角度来看，地理诗学对地理哲学的影响得以体现在对时间与空间的艺术性诠释。诗歌通过形象、声音和语言的妙用，为抽象的地理概念赋予了感知和体验，也为地理哲学注入了富有想象力和创造性的元素，给地理学者提供了新的思考视角。

地理诗学往往体现了对社会和环境问题的关切，这与地理学带有的社会批判精神相契合。通过对城市、山脉、河流等地理要素的描绘，诗人传达了对城市化、环境破坏等问题的担忧。社会批判的精神通过地理诗歌得以表达，地理学者获得了一种文学化的社会问题呈现方式。在地理诗学与地理哲学的交叉影响下，我们看到了对地理空间更为细腻的描绘和对社会问题的深思，感受到了其中的人文关怀。二者的互动为地理学领域带来了更为丰富和多元的思考方式，使得地理不再只是一门冰冷的科学，而是一个充满情感、思考和人文关怀的领域。从心理学的角度看，地理诗学对地理哲学的影响主要体现在情感和情绪层面。通过诗意的叙述，地理诗学引导我们进入情感的状态，使我们对时间与空间的感知更为个体化。这种个体化的体验丰富了心理层面的地理理解，使之超越了理性思考的范畴，成为感性的心灵之旅。

总体而言，地理诗学对地理哲学的影响是多层次的，它不仅丰富了地理学的表达方式，使时间与空间焕发出情感的光彩，还在文学、哲学和艺术等领域都留下了深刻的痕迹，为我们认知世界提供了一条更为综合、更为人文化的途径。

6.3.4 实践性的地理日常

在艺术性的地理创意、文学性的地理批评和思想性的地理哲学的基础上，笔者愿意再添一笔，将实践性的地理日常融入这幅丰富多彩的地理图景。实践性的地理日常意味着在日常生活中对地理诗学有更深入和广泛的了解，并唤起地理诗学实践的方式，其实践的要义可以从以下几个方面来解读：

（1）地理诗学是一种实践，而不仅仅是一种理论。这表示地理诗学不仅是对地理学和诗学的关系进行分析讨论，更是通过具体的行动和创作来展现和实现这种关系，包括漫步、观察、记录、写作、阅读、绘画和摄影等多种形式，这些都是对地方和空间的一种诗意的参与和表达。

（2）地理诗学实践是一个多元的领域，涉及不同的国家、背景、语言、文化和身份等因素。这些因素影响了地理诗学的方法、主题和风格等方面，使得地理诗学呈现出多样性和复杂性。《实践中的地理诗学》收录了来自不同国家和背景的地理学家、诗人和艺术家的研究、方法论及创作，展示了他们如何从不同的角度和立场来进行地理诗学的实践。

（3）地理诗学是一个具有批判性和变革性的领域，它关注的不仅是对现存世界的描述和欣赏，也是对现存世界的质疑和改变。《实践中的地理诗学》的许多作者都指出了当今世界存在的各种问题，如殖民主义、全球化、气候变化和社会不公等，并试图通过地理诗学的实践来提供一种对抗或超越这些问题的可能性。

（4）地理学和诗学之间存在一种动态的交叉实践，它们不仅是两种不同的知识形式，也是两种不同的世界观和生活方式。地理学是一种通过空间来理解和改变世界的方式，关注位置、关系、环境、政治和文化等。诗学是一种通过语言来表达和创造世界的方式，关注感受、想象、象征、节奏和声音等。这两种方式既有区别又有联系，可以相互启发、批判、补充并融合。

在日常的地理诗学实践中，我们成为行者、观者及艺术家，用诗意的眼光审视着周遭的风景，以更丰富的感官体验拥抱这个多元而复杂的世界。

6.3.5 地理诗学分析诗歌的基本框架

诗歌作为一种文学形式，当它与地理空间相结合时，地理诗学却似乎难以套用文学地理或者地理文学的两种模式。地理诗学作为文学批评方法，既非用文本解释地理，又非用地理解释文本，而是一门探讨诗歌与空间关系的学问。地理诗学认为诗歌不仅是语言的艺术，也是空间的艺术，诗歌能够创造、表达、想象和批判各种空间的形式和意义。地理诗学旨在从多维度视角审视诗歌的空间性，揭示诗歌与自然、社会、文化、历史和政治等空间因素的互动和影响，展现诗歌空间美学和空间批评的价值，其要点如下：地理诗学主张将诗歌视为一种空间实践，一种在特定地点和场景中施行的语言行为，一种对空间的感知、记忆、想象和表达。诗人在这场穿越词汇的空间之旅中与环境对话，感知自然的微妙变化，记录心灵的飘摇，将诗歌编织成一个个空间的符号，勾勒出包含物质、心理、文化、社会和政治各个层面的丰富图景。

地理诗学主张将诗歌视为一种空间创造，一种对现实或虚构空间塑造和变形的艺术行为，一种对空间的想象和创新。在这个艺术工坊中，诗人是空间的雕刻家，用语言的刻刀雕琢出诗歌的立体之美，创造出一个个奇幻而独特的空间形象。诗人在这场创意的狂欢中挑战语言的边界，超越空间的限制，呈现出令人陶醉的文学风景，反映出时代的精神及问题。

在这个语言和空间交织的舞台上，地理诗学成为一场意识的演绎，一次空间之旅。诗歌的音符在这个旅程中奏响，用抽象的词汇和晦涩的形象勾勒出诗人内在世界的维度，将感知、想象和记忆交织成空间的图景，带领读者穿越心灵深处的迷雾，与外在世界对话，让读者沉浸在空间的盛宴中，感知诗歌所呈现的无尽可能性。

地理诗学主张将诗歌视为一种空间批判，一种对现存或潜在空间进行分析评价的行为，一种对空间的反思和挑战。诗人在空间批判的征途中审视现存的不平等、压迫、冲突和危机，其诗歌是一面反映社会脉动的镜子，在字里行间中展示被忽略的边缘、被淹没的声音，唤起人们对空间中的权力结构和社会问题的关切及思考。这是一种富有力量的言辞，体现了为沉默空间发声的勇气，唤醒人们追求平等的意识。

地理诗学主张将诗歌视为一种空间对话，一种与其他文本或媒介中的空间进行交流和互动的沟通行为，一种对空间的共享和参与。在文字和空间交织的对话中，诗人游走于现实与文学之间，用自己的语言与其他文本对话，创造出丰富而多元的空间体验。这是跨越时空的对话，是与经典文学、艺术作品和历史记忆互为呼应的声音。诗人从对话中发现灵感，丰富诗歌的内涵和外延，融入更广阔的文化脉络，使其不再是孤立的存在。

总的来说，地理诗学是一次开阔思维的契机，是对地理与诗歌的关系的深刻探索。它关注诗人如何在与大地的接触中找回肉身和感官的灵敏，打开存在的向度。这是一次跨越地理边界的远足，是对自我与环境关系的内省。通过漫步、漫游等地理实践，诗人拥抱大地的肌理，感知生命的脉搏，将地理体验转化为诗歌的语言，使作品在空间中产生共鸣。这是一种具有创造性的亲密接触，一场与自然和文化共振的心灵之旅。一首诗的冲动往往源自一个画面、一个词或一场相遇，而非某个问题或理念，这对许多诗人和艺术家而言都是真实的。当然，每首诗或作品的呈现并没有固定的方式。每件作品都可以视为一个内在的现场本身，时而像一个实体，时而像一个过程或事件。在创作实践中，最初的接触通常是直面现场，紧密注视着图像、诗词和相遇。这种方法可以帮助研究者超越传统的范畴，避免对创造性地理学可能采取的最终形式产生先入为主之见。一个研究议程甚至可能不是从传统社会科学意义上的问题开始，而是从沉浸于一个地点开始：先是沉浸在一个地方，专注于该地方的物质性和相遇，再通过与该地方相联系的地缘形式来介入这个地方。这种形式的目的是制定、执行、评论、批判，甚至可能重新校准这个地方本身。

这种与世界相遇并创造诗歌的过程不仅是研究的方法，更是一种对感知和体验的深度探求。画面如水墨般在心灵中铺陈，词汇如音符一般在思维中跳跃，相遇如潮水般席卷感官。这是一场对内在情感的解码，一次感官之旅。这个过程超越了理性的边界，使得人们沉浸于创造性的深渊。地理诗学的实践不仅塑造了研究者审视地理学的独特视角，也为创造性表达提供了丰富的土壤，为地理空间赋予了更深层次的意义。

参考文献

许栋梁, 2021. 技术地理学：从人文视野到空间批判[N]. 中国社会科学报, 2021-03-09 (4).
赵佳, 2022. "地理诗学"视域下的地理实践和文学创作[J]. 国外文学 (2): 29-37.
Astley N, 2007. Earth Shattering: Ecopoems[M]. Hexham: Bloodaxe Books.
Banazek K, 2019. Bodies Belong to the World: On Place, Visuality, and Vulnerability[M]//Magrane E, Russo L, de Leeuw S, et al. Geopoetics in Practice. London: Routledge: 17-28.
Blaeser K, 2019. A Cosmology of Nibi: Picto-Poetics and Palimpsest in Anishinaabeg Watery Geographies[M]//Magrane E, Russo L, de Leeuw S, et al. Geopoetics in Practice. London: Routledge: 29-47.
Brown A B, 2022. Poetry: A Means of Creating Deeper Place connections[J]. GeoHumanities, 8 (1): 265-276.
Corbett P, Bissell N, Ringrose P, et al., 2021. Earth Lines: Geopoetry and Geopoetics[M]. Edinburgh: Edinburgh Geological Society.
de Leeuw S, 2012. Geographies of a Lover[M]. Edmonton: NeWest Press.
Dickson E, Clay N, 2019. Geopoetics as Collaborative Encounter: Performing Poetic Political Ecologies of the Colorado River[M]//Magrane E, Russo L, de Leeuw S, et al. Geopoetics in Practice. London: Routledge: 270-284.
Dixon D, Hawkins H, Straughan E, 2012. Of Human Birds and Living Rocks: Remaking Aesthetics for Post-Human Worlds[J]. Dialogues in Human Geography, 2 (3): 249-270.
Dodds K, 2019. Geopolitics: A Very Short Introduction[M]. Oxford: Oxford University Press.
Farooq S, Stanley J, 2019. Terma: A Dialogue[M]//Magrane E, Russo L, de Leeuw S, et al. Geopoetics in Practice. London: Routledge: 48-59.
Fisher-Wirth A, Street L-G, Hass R, 2013. The Ecopoetry Anthology[M]. San Antonio: Trinity University Press.
Giscombe C S, 2019. Negro-Mountain-Wolves/Notes on Region[M]//Magrane E, Russo L, de Leeuw S, et al. Geopoetics in Practice. London: Routledge: 285-296.
Magrane E, Russo L, de Leeuw S, et al., 2019. Geopoetics in Practice[M]. London: Routledge.
Marston S A, de Leeuw S, 2013. Creativity and Geography: Toward a Politicized Intervention[J]. Geographical Review, 103 (2): iii-xxvi.
McGiffin E, 2019. Thukela Poswayo's Poetry of Dwelling[M]//Magrane E, Russo L, de Leeuw S, et al. Geopoetics in Practice. London: Routledge: 199-211.
Milne H, 2018. Poetry Matters: Neoliberalism, Affect, and the Posthuman in Twenty-First Century North American Feminist Poetics[M]. Iowa: University of Iowa Press.
Noussi M C, 2014. Literature, Geography, and the Postmodern Poetics of Place[J]. ISLE: Interdisciplinary Studies in Literature and Environment, 21 (3): 713-714.
Perez C S, 2019. Indigenous Pacific Islander Geopoetics[M]//Magrane E, Russo L, de Leeuw S, et al. Geopoetics in Practice. London: Routledge: 324-340.
Pluecker J, 2019. Karankawa Carancahua Carancagua Karankaway: Centering Indigenous Presence in Southeast Texas[M]//Magrane E, Russo L, de Leeuw S, et al. Geopoetics in Practice. London: Routledge: 74-87.
Prieto E, 2011. Geocriticism, Geopoetics, Geophilosophy, and Beyond[M]//Tally R T. Geocritical Explora-

tions: Space, Place, and Mapping in Literary and Cultural Studies. New York: Palgrave Macmillan: 13-27.

Prieto E, 2012. Literature, Geography, and the Postmodern Poetics of Place[M]. New York: Palgrave Macmillan.

Rawlings A, 2019. Geopoetics of Intime and (SUND): Performing Geochronology in the North Atlantic[M]//Magrane E, Russo L, de Leeuw S, et al. Geopoetics in Practice. London: Routledge: 88-100.

Roberts R H, 2021. Hugh MacDiarmid's 'On Raised Beach': 'Geopoetics' in a Time of Catastrophic Crisis' [J]. Religions, 13 (1): 31.

Russo L V, 2004. Becoming Poetic: Women, Gender and Innovation in 20th Century Avant-Garde Poetry and Poetics[D]. Buffalo: State University of New York.

Russo L, Reed M, 2018. Counter-Desecration: A Glossary for Writing Within the Anthropocene[M]. Middletown: Wesleyan University Press.

Ryan J C, 2019. Seismic, or Topogorgical, Poetry[M]//Magrane E, Russo L, de Leeuw S, et al. Geopoetics in Practice. London: Routledge: 101-116.

Serra V, 2017. Island Geopoetics and the Postcolonial Discourse of Sardinia in German-Language Literature[J]. Island Studies Journal, 12 (2): 281-290.

Tarlo H, Tucker J, 2016. Place as Pause: The Value of Collaborative, Cross-Disciplinary Practices in Place[J]. Landscape Values: 358.

Tarlo H, Tucker J, 2017. 'Off Path, Counter Path': Contemporary Walking Collaborations in Landscape, Art and Poetry[J]. Critical Survey, 29 (1): 105-132.

Ward D, 2019. Borne-Away: Tracing a Gendered Dispossession by Accumulation[M]//Magrane E, Russo L, de Leeuw S, et al. Geopoetics in Practice. London: Routledge: 244-256.

Wolfe C, 2009. What is Posthumanism? [M]. Minneapolis: University of Minnesota Press.

第三辑 当代中国的地理诗歌实践

第 7 章 诗人安琪的诗歌地理

7.1 安琪的诗歌之旅

7.1.1 女性地理诗人

在文学的广袤星空中，诗人安琪（本名黄江嫔）的文学旅程始于其大学时代。她是故乡福建的"长诗福建安琪"，书写出一段段情感悠长的诗行；后来她成为北漂的"短诗北京安琪"，在城市的喧嚣中谱写出生活的篇章。她身上独具的先锋性、女性主义思想都在其诗作中清晰呈现，带有一种清醒的问题意识和对世俗事物重新审视的独特气质。安琪的诗歌展现了对不同地域的风景、人文、历史、民俗的深刻观察和描写。她将自己的旅行经历融入诗歌，用文字编织着丰富多彩的情感，充满对地域的赞美、惊叹、感慨和思念，如同一场感官的盛宴。

安琪是诗歌地理这一概念的先行者。她在《诗歌月刊》（下半月）2006年8月推出的专刊"诗歌地理特大号"中，以文字勾勒出当代诗歌的地域性、地方性和空间性[①]。她的诗歌创作深受地域影响。在福建时，她以地理诗歌记录各地旅行的点滴，语言变幻、杂糅、超越常理，体现了漳州诗群的独特风格。在北京时，她的诗歌呈现了对城市生活深刻的观察和思考，对北京名胜古迹的描述淋漓尽致，展现了都市人的审美心理和文化批判。安琪在诗歌中对全球化语境下诗歌地域性的坚持，以及在中国当代诗歌中融入更多民族的、本土的内涵的主张，使她的诗歌拥有了独特的地域风采。

---

① 《极地之境》收录了安琪2003~2012年创作的387首短诗，是诗人离开福建漳州只身闯荡北京10年的生活和情感切片。《美学诊所》收录了安琪2013~2016年创作的120首短诗和3首长诗，展现了诗人对于生活、艺术和女性等主题的思考与感悟。《万物奔腾》收录了安琪2004~2018年创作的长诗、散文诗和短诗，体现了诗人对时代变迁、社会问题和个人经历等的关注和表达。

安琪提出的诗歌地理为当代中文诗歌注入了新的视角和方法。其视角并不囿于传统的时间、代际和流派等划分方式，而是从空间的维度出发，以一种更加立体和全面的方式审视诗歌的形成、发展和特征。这种新的方式破除了束缚，使诗歌在地域的舞台上尽显风采。

诗歌地理不仅是一种审视，更是一场对当代诗歌的批判和反思。它揭示了诗歌与地域之间复杂的互动关系，勾勒出地域与权力、资源和文化等多重因素的交织纠葛。通过文化地理和地方美学的透视，诗歌的内涵被赋予更为广泛而深刻的意义，成为对当代社会和文化的一种独特审视。安琪用诗歌细腻地呈现了对地域文化的思考和探索，用文字勾勒出对地域文化的认知和理解，她的作品呈现了地域文化形成、传承、变迁、冲突和融合等。更为重要的是，她对地域文化的态度和立场也得以表达，尊重、包容、批判和创新等多重情感在诗歌中交织，成为她创作的鲜明特色。

7.1.2 安琪的福建与北京

福建漳州是安琪的根，承载了她童年、少年和青年的时光。在这片土地上，她悄然迎来诗歌的初萌，沐浴在古今中外的诗歌之海，开启了一场诗歌的奇妙冒险。诗人道辉成为安琪诗路上的灯塔，指引着她的创作方向。在安琪早期的作品中，不难发现她对道辉的敬仰之情，仿佛是在诗歌的大海中寻找着自己的音符[1]。《干蚂蚁》《未完成》《事故》等作品都显露出安琪借鉴和模仿的痕迹。

漳州不仅是安琪诗歌创作的起点，更是她独特诗歌风格的孕育之地。她在《生活在故乡》《1975，南山寺》《北庙新村》《香樟：长泰后坊》以细腻而深情的笔触，生动描绘了故乡的风土人情。这片土地不仅提供了灵感的源泉，也是她人生经历的重要见证。在她的作品中，安琪对自我、家庭、爱情、友情与社会等主题进行了深刻的探索，展现了她对生活的真切感悟与真挚表达。

北京是安琪的第二故乡，承载着她二十多年的生活经历。这座城市不仅是她生活的地方，更是她诗歌创作的滋养之源。在这里，她融入了更广阔的诗歌交流圈，接触了更多的诗人、诗歌作品和诗歌理论。这个多元而繁华的

---

[1] 道辉是一位善于创新的诗人，他的诗歌语言自造、打破常规，给安琪带来了诗歌思维和语言创新的冲击。

都市，成为她诗歌创作中一座丰富的灵感宝库。这个时期，她的诗歌风格由模仿、解构、超现实主义逐渐演变为自由、轻松、大方和真实的表达方式。她的诗篇仿佛是城市中的风，自由地飘荡着，发出独特的音律。社会、历史和文化等多方面的主题在她的诗歌中得到更为深刻的关照，为作品增添了更多维度。

北京同样是安琪的诗歌创新之地，她在这座城市探寻了不同的诗歌形式和语言，如长诗、诗歌散文、诗歌随笔、诗歌日记和诗歌访谈等。在这里，她的诗歌语言融合了西方诗歌的语言和技巧，变得更加绚烂多彩，展现出不拘一格的诗歌创造力和探索精神。北京也是安琪诗歌的反思之地，她在这里深深追寻诗歌的本质、功能、意义和价值，以及诗人的身份、责任、使命和处境。自我审视和批判贯穿她的诗篇，如《你无法模仿我的生活》等，透露着对诗歌写作的深刻思考。她对文化的关注和介入也就此展开，如《北漂诗篇》等，记录了当代诗歌的发展与变革。

总体而言，安琪在福建和北京两个时期的诗歌呈现出几点显著不同。①福建时期以长诗为主，而北京时期则以短诗为主。安琪将自己的诗歌阶段简明扼要地概括为长诗福建和短诗北京（安琪，2023a）。②福建时期的诗歌更注重唯美抒情、感性优势和语言创造力，而北京时期的诗歌更倾向于记录现实生活、关注历史文化和反思精神困境。③福建时期的诗歌更倾向于使用修辞手法，而北京时期的诗歌则更倾向于放弃修辞手法，呈现出一个赤膊上阵、疯癫自在的诗人自我形象。在这个自由而丰富的都市中，安琪敞开心扉，在诗歌的海洋中驾驭风帆，感受着每个诗篇背后的故事。故乡与第二故乡，一个滋养了她的根，一个拓展了她的翅膀。漳州和北京在她的诗歌中成为两座灵感的摇篮，也是她内心深处对家的无尽眷恋。这两个地方，是她创作的源泉，更是她心灵深处的诗意驻地。

7.2 安琪的女性地理诗歌代表作品

7.2.1《你无法模仿我的生活》

《你无法模仿我的生活》是诗人安琪三十余年诗歌创作的甄选集，出版于 2022 年 9 月。这部作品贯穿了她的童年至中年的时光，叙述了她的成长经历、家庭来历、恋爱婚姻、职业选择和创作历程等。她以诗歌之笔勾勒自己的内心世界，述说梦想和挫折，表达欢愉和苦楚，呈现坚持和妥协。她用真诚而勇敢的文字，铺陈着对自己与他人的理解和评价，以及对生活和诗歌的热忱和追求。

这部诗集汇聚了安琪在 1990~2021 年间的两百余首佳作，分为第三说、菜户营桥西、邮差柿和在历史中四辑，每辑都聚焦于一个主题。第三说为诗集的开篇，收录了安琪在 20 世纪 90 年代撰写的长短诗篇，如《火中的女子》《明天将出现什么样的词》《女儿醒在三点的微光里》《母亲》等[①]。这些作品表达了安琪对自我和他人的深刻洞察和反思，以及对社会和文化的批判意识。安琪熟练地运用象征、隐喻、比喻等修辞手法，构筑了一个充满冲突、张力、变幻和惊奇意象的诗歌世界。此外，她还展现了对语言和形式的大胆尝试和创新，如采用不同语种、字体和排版等，丰富了诗歌的多样性和视觉效果。

菜户营桥西是第二辑，收录了《菜户营桥西》《给妹妹》《给外婆》等短诗。这些短诗是安琪对自身生活和情感的深刻感悟和真挚流露，并对爱情、友情和亲情等主题进行了深度探讨。安琪运用了丰富的日常语言、口语化表达及俚语俗语等手法，描绘出一个真实、亲切、幽默和温暖的诗歌世界。她在作品中巧妙地驾驭语言和形式，通过不同的语体、语气和语调等方式，增添了诗歌的说服力和表现力。

邮差柿是第三辑，收录了《邮差柿》《长江在泸州》等短诗。这些短诗饱含安琪对他人生活和情感的关切和祝福，同时深情讴歌友谊、互助和共情等主题。在这一辑中，安琪以生动的细节、形象的描绘和鲜明的色彩等手法，构建了一个充满美好、感动和欢乐的诗歌世界。她以简洁优雅的语言和多变的韵律节奏，为诗歌赋予了音乐性和美感，体现了她对诗歌形式的精妙掌控。

在历史中是第四辑，收录了《在历史中》《早安，白薇》《茨维塔耶娃》等短诗。这一辑呈现了安琪对历史和文化的深刻认知和评论，以及对诗歌和艺术的不懈追求与理想。在这些短诗中，她运用丰富的引用、借用和转述等手法，与各种经典文本和知名人物展开对话和互动。安琪在这一辑中也展现了语言和形式的突破创新，通过不同的角度、视角和语境等，丰富了诗歌的多样性和深度。这是与历史的对话，是文学与艺术的交融，呈现出富

[①] 由于本章节的视角侧重女性主义，因此，笔者特别选择分析安琪诗歌中涉及到女性题材的诗篇。

有层次感、充满思辨的诗歌图景。这部诗歌精选集是安琪创作历程的华美注解，每个篇章都如一扇窗，将她内心的风景透过文字的纱幔细腻呈现。这是一部承载着岁月厚重印记的诗集，是她多年来文学探险的脊梁。

7.2.2 《暴雨和绵羊》

《暴雨和绵羊》是《美丽中国》丛书的瑰宝，是安琪心灵的行吟诗集（安琪，2023a；安琪，2023b；杨碧薇，2023）。这部诗集汇聚了她在2012~2020年期间，漫游祖国大地、探访风景名胜与历史瑰宝、感受民俗风情的产物。诗歌如清泉涌动，映照出安琪对故土深沉的热爱和感激之情，展示了她对自然与人文的敏锐洞察和深刻思索。

《暴雨和绵羊》中的诗歌风格百花齐放。有的以纤巧的语言描绘出祖国的美丽山川，如《乾坤湾》《蓝月谷的蓝》《长河与落日》等，宛若图景般展现自然之美；有的以幽默风趣的笔触记叙旅途中的趣事，如《阳光只有洒遍草原才叫尽兴》《哈拉库图》《阿尔山之诗》等，带来一片充满欢笑的旅途印记；还有的以深情的语言表达对历史和文化的敬畏与思考，如《解州关帝庙》《西藏》《致泰伯》等，反映了诗人追溯人类文明之路的深沉。

《暴雨和绵羊》中的诗歌跨越中国的东南西北，涵盖海边与高原、城市与乡村、古迹与现代、民族与世界、自然与人文、个人与社会、现实与理想、生活与诗歌的广袤领域。这部作品可以视为安琪个人史和精神史的真挚记录，倾诉了她在十年间经历的变化、挑战、困惑和欢乐等情感。诗歌以地方为背景，诉说着安琪对自然界、人类文明和个人心灵的深邃感悟和丰富想象。

安琪巧妙地运用了象征、隐喻和比喻等修辞手法，刻画了一个神秘、寂寥、冷酷和壮观的诗歌世界。她以地理为精神隐喻，呈现了对内心世界的深刻探索和真挚表达。同时，她对语言和形式进行了大胆的实验和创新，使用不同的语种、字体、排版等，增添了诗歌的多元性和视觉效果。这是一场艺术上的冒险，让文字在空间中舞动；也是一段立体的光影，让读者在多重感官的体验中沉溺。

7.2.3 《未完成》

《未完成》收录了安琪历年所作的长诗。这部作品聚焦于漳州这片土地，呈现了诗人的生活经历和感受，投射出对当代中国社会变化的深刻观察和思考。以地理诗学的角度而言，这部诗集将诗人的地理观察与抒情结合。诗人通过对漳州的具体描写和对象征的精妙运用，将个人经验与现实态度融于其中。诗歌中的大量地名、地理特征、风土人情和历史事件构筑成一个错综复杂、丰富多彩的地理文化符号系统，展示了诗人独特的语言表达力和创作力。

在《干蚂蚁》中，诗人以讽刺的笔调勾勒出漳州的城市景观和社会图景。她描绘漳州的夜晚如"灯火通明的荒原"，白天如"热气腾腾的沼泽"，人们如"忙碌的干蚂蚁"，字里行间传达出这片土地的贫瘠、拥挤和无趣。诗人的言语中流露出对此地的不满和反抗，以"我不是漳州的人，我是一只流浪的狼""我不爱漳州，我爱的是诗歌"表达她的异化和对超越的渴望。这种对现实的批判和拷问，不仅体现了诗人的个体心理，也让读者感受到她对自我和诗歌的追求。这不仅是一场地理学的探索，更是一次心灵深处的自我心理剖析。

在《未完成》中，诗人诉说了漳州的历史和文化。她在字里行间编织出漳州古老而辉煌的图景，这张历史的地图反映了这片土地的辉煌传承。诗人不仅是文化的传承者，更是对历史充满深情厚意的表达者。她向漳州致敬，并表达对未来的期许："漳州是一座未完成的城市，它的未来可以延伸到永远。"也许在她看来，"漳州是一座诗歌的城市，它的诗歌可以延伸到永远"。她是一位先知，展望着这座城市未知的未来，以及那无尽的诗意。

然而在《事故》中，诗人转换了语调，以一种冷静而沉思的笔触，揭示了漳州的社会和人性的另一面。她描述这座城市是"一座事故的城市"，事故无时无刻不在发生，宛如一幅无情的画面。冷漠、残酷和无奈在她的文字中得以凸显，"漳州是一座无情的城市，它的无情可以见识到任何程度"，揭示了这座城市不可避免的危险和冷漠。诗人在面对这一切时，流露出对社会和人性的感受和思考，"我是一个事故的目击者，我看到了一切""我是一个事故的参与者，我无法逃脱"，诗人既是目击者，又是参与者，也是一位深陷其中的记录者。这是诗人无奈又困扰的自我陈述，对漳州的现实生活充满真切而深刻的反思。

这些诗歌不仅是对漳州的地理诗学写照，更是诗人对现实的观察与记录，也是对内心的情感表达和自我探索。通过对地理现象的细致描绘，诗人传达出自己独特的诗学，将真实的现实经验与内在的情感巧妙地交织。

7.3 安琪的诗歌地理的理论与实践

7.3.1 安琪对诗歌地理的阐释

安琪提出的诗歌地理概念将诗歌与地理紧密相连，她认为诗歌不仅是语言的艺术，更是一种空间的艺术。她深刻思考诗歌与地理（地域）的交融，强调应关注空间与地方在地理诗中的呈现与意义，以及诗歌对人们认知并感受空间和地方的影响。她在《诗歌地理》中详细阐述了自己对地理诗的理论与方法的思考。对安琪而言，地理诗既是一门学术研究，又是一门富有艺术性的诗学，既彰显了诗人深厚的学识和理论功底，也表现出诗人独特的创造力和风格。在她看来，诗人和地理是一种相互作用的关系，通过诗歌，诗人表达对地理的观察、感受、思考和想象，同时也在地理的启发、影响、限制和挑战中塑造自我（安琪和雷默，2023）。

安琪的地理诗囊括了从家庭到社会、从城市到乡村、从国内到国外、从现实到想象的各种空间和地方。她以女性的视角，展现了对不同空间和地方的独到观察与深刻感受，以及女性在这些空间和地方中的多样性和成长（安琪，2023b）。女性主义地理诗不仅关注了空间和地方的社会及政治意义，还揭示了空间和地方的性别化与压迫。她以女性的经验为出发点，在诗歌中探索并表达了女性与空间、地方的紧密关系。这不仅是对彼时彼地文化与现实的串接、联想及意识形态的批判，也是对女性在空间和地方中主体性和多样性的深刻探讨（罗文婷，2022）。

在全球化语境下，安琪主张在中国当代诗歌中最大限度地吸纳民族的、本土的内涵，使其在地域特色上有别于他国。她强调城市化写作对诗人的更高要求，因为中国的诗歌传统根植于农业文明，而城市则是现代生产力和生产关系的焦点。诗人应当具备对城市的敏感洞察力和卓越的写作力。这种写作力是对中国诗歌传统的改变，是对城市现代性的创新，也是诗人对当代社会的深切关怀。在这一背景下，诗歌的地域性在全球化时代显得更为重要，她将个体的生命经历与社会和文化的变迁相交融，呈现出一幅兼具浪漫主义想象力和现代主义形式感的图景。

在安琪的诗歌中，都市不仅是她的生活和创作背景，更是她对现代社会和文化深刻观察和反思的载体。都市对她而言是异乡生活的真实写照，存在一种相互吞噬、相互成长的关系。都市女人成为一种新型物种，拥有独特的语言和文化，在都市中做梦，拥有自己的信仰和未来。然而，安琪对都市的情感复杂而矛盾。她既为都市的魅力所吸引，又为都市的压力所困扰。她渴望在都市中找到自己的位置和价值，同时努力保持独立和个性。她希望通过都市实现理想和梦想，却又怀疑都市是否真能带来幸福和满足。对安琪而言，都市集合了她对现代文明的批判和反抗，像一座巨大的监狱，困住人们，使之无法逃脱；又像一座巨大的坟墓，埋葬人们，使之无法复活。都市变成了一个压迫、消费和堕落的空间，剥夺了人们的自由、尊严和生命。

安琪的城市诗歌不仅关注城市的外在景观，更注重城市的内在精神。她用心灵审视并感受城市，将个人情感和思考融入诗歌，形成独特的城市意识和情感。与其他描写城市的诗人不同，她的写作不限于特定风格或形式，而是根据主题和情境巧妙运用各种诗歌技巧和语言手法，营造出多样化且多层次的诗歌效果。她的作品既有温柔而细腻的抒情，又有锋利而辛辣的讽刺，还有流畅而生动的叙事，以及深刻而隽永的象征。安琪的城市诗歌不拘泥于某座城市或某个地域，而是跨越时间和空间，展现了多元化和国际化的视野。她的诗歌穿越北京、福建、上海、台湾、香港、纽约、巴黎等不同城市和地方，反映出不同的历史、文化、身份和立场。她的诗歌是对个体生命经历与社会、文化变革相交融的深刻追问，也是对当代社会的深切关怀。

7.3.2 都市的白昼与黑夜

在安琪的都市诗歌中，她以一种浪漫的姿态勾勒出女性主义、游历、梦境和自我分裂的特征，试图在她构筑的碎裂而又统一的诗国中，寻找自己的生命意义和诗歌理想。她对北京这座城市的感受和思考，化作一幅富有通感和夸张的图景，用充满韵律的语言勾勒了都市的繁华与荒凉，现实与梦幻，生命与死亡。在这诗篇的画布上，反差和对比如音符一般跃动，白天与黑夜交织出奇妙的旋律，如白天/黑夜、鲜花/骨头、热闹/寂静、人/鬼等，将都市的复杂性和多面性呈现得淋漓尽致。第一人称"我"在这都市的交响乐中既是奏者，也是聆听者。她在都市的迷宫里寻找自己的音符，却时常感到孤独和迷茫。

都市的白昼是一场盛大的舞会，她眺望着那表面繁荣而内心空虚的景象。白天的都市被她描绘成一个鲜花绽放的花园，看似美丽鲜艳，但她以夸张的手法揭示了其暗藏的"骨头"，即都市残酷和无情的一面。白天的都市人群汇成热闹的舞池，快乐而热情，然而她用"寂静"来揭示其中的孤独和无助。在热烈的白天都市中,"我"既是"鲜花"的一部分,也是"骨头"的一部分;既是"热闹"的参与者,又是"寂静"的感受者。她在白天的都市里体验着自豪与归属感,却也难免感受到疏离与反抗的情愫。

都市的夜晚则是一场迷离的梦境,充满着欲望和幻象。夜晚的都市是一座令她深陷其中的迷宫,她用通感的手法表达了夜晚的荒芜和死亡。在黑夜的都市中,"我"感到矛盾和困惑,但又带着坚持和期待。夜晚的都市是一个巨大的宴会厅,人们在其中尽情舞蹈,但她却感受到隐约的不安和危机。她用象征性的描写,将夜晚的都市描述为一个充满欲望与黑暗的环境,徘徊在欲望与死亡之间。在这片灯火阑珊的夜幕中,她运用通感的手法将"灯火"描绘得明亮而温暖,仿佛是一种享受的象征。然而,她用"幻象"一词深刻地揭示了黑夜的都市并不真实,而是一场被灯火照亮的虚妄的表演。黑夜中的"人"表面上是真实而自由的存在,实则在她的笔下变成了可怕而危险的"鬼"。对都市黑夜的双重描绘,交织着她对欢愉和矛盾的感慨。在黑夜的都市中,"我"成为了灯火的享受者,也是幻象的制造者,既是"人"的同类,也是"鬼"的对手。她在这黑夜的都市里经历着快乐和刺激,但也难免感受到恐惧和不安。交织着欢愉和矛盾的都市黑夜既为她带来了刺激,又在虚幻中向她展示了其本质。

在这座繁华的大城市,诗人有着复杂的心理:既有好奇和向往,也有失落与迷茫。在她的笔下,夜晚的都市是一幅光影扑朔的多彩图景,但在细致入微的描述中,虚幻的本质暴露了然。她以自我为中心,观察和感受着周围的一切,一种强烈的孤立感油然而生,这是一种深刻的自我心理剖析。诗人该如何面对这片黑夜中的都市呢?都市生活中的困惑和迷茫,让她陷入了对"爱""死""我"三者的矛盾思考。她用"爱"比喻自己在都市中最渴望的东西,怀疑在纷繁的灯火中是否真正找到了爱;用"死"比喻自己在都市中最害怕的东西,质疑在夜幕的笼罩下是否真正逃避了死;用"我"代表自己在都市中最真实的存在,在都市的迷幻中呐喊着是否真正认识了自己。她既怀揣着对爱与生的希望,又沉浸在死与灭的绝望中。这种复杂而矛盾的心理,让她在都市的黑夜里寻找着属于自己的答案。

她将这座城市视为家园和归宿,也视为牢笼和地狱。这是既给予她灵感和诗歌的乐土,又是充满挑战和难题的领域。城市成为她创作的源泉,也成为她心灵难以逾越的阻碍。她对这座城市的情感无法轻易割舍,心在与城市的交融中矛盾而又纠结。她的语言简洁而真实,通过对城市张力和冲突的描绘，流露出一种对放弃的不愿。她以自我为中心，成为观察和感受周围一切的孤独旁观者，却又在无法完全融入都市的浮华后，对此形成了一种强烈的孤立感。这些都反映了诗人自我的迷失、对自身命运的追问、对心灵的深度剖析。

在她的诗歌中，对城市生活的反思和批判显得尤为深刻，揭示了城市的虚伪与荒诞，人性的丧失与异化。这是一种对城市矛盾和悖论的讽刺，第一人称"我"既是城市的受害者，又是城市的同谋者。她在城市中迷失了自己的价值和方向，但却又无法抵挡城市的诱惑和束缚；她试图逃避城市的污染和压力，但同时也渴望享受城市的便利和乐趣。这是一种既厌恶又依赖的情感。在城市的喧嚣中，她经历了虚假与真实，欺骗与被骗，自私与自责。这是一场心灵的起伏，像城市的潮汐般汹涌澎湃，充斥着浪漫而又复杂深刻的韵味。

7.3.3 故乡的在场与缺席

在安琪的诗歌中，故乡是一颗复杂的心脏，拥有矛盾的情感和深沉的张力。故乡既是她的根，让她深深扎根于漳州、江油等地的土壤中，生生不息；又是她的枷锁，随着她的脚步而拉扯，不时令她感到束缚。故乡既是她的归宿，是温暖的家园，守护着她的灵魂；又是她的异乡，是冰冷的坟墓，掩埋着她深藏的记忆。在她的诗歌中，故乡既是美丽的梦境，有蓝天白云，也有翠绿的山川；又是残酷的现实，一片荒芜，有岁月的风沙。

在安琪的笔下，故乡有时是具体的地理坐标，如福建的小镇，仿若一首脉脉深情的家书；有时又是抽象的概念，如父母国、极地之境，像一幅流动的图景，时而清晰，时而模糊。故乡既是她的灵感之源，涌动着如潺潺溪水的诗意；又是她的创伤记忆，是刻在岁月石碑上的痕迹，在岁月的碾压中，不可抹去。故乡是她的诗歌对象，是一个千姿百态的恋人，引领她在创作的海洋中翩翩起舞；又是她的诗歌对手，是一场激烈的较量，让她在灵感的拳击中擦出诗意的火花。在她的诗歌中，故乡不仅是生命的舞台，也是心灵的舞台，既是一个真实存在，又如梦幻般变幻莫测的领域。

故乡承载着安琪的生命经历和精神探索。她曾从福建启程，北漂北京，再远赴世界。这场漫长而独特的旅程，赋予了她的诗歌不同的面貌。她的诗歌不拘一格，从长诗到短诗，从写实到写意，从传统到现代，从本土到全球，从自我到他者，从故乡到异乡，从异乡到故乡，这是一场跨越时光舞台的心灵冒险。

故乡标记着她与诗歌的关联，是她与诗歌对话的媒介，反映了她与诗歌的冲突，也反映了她与诗歌的和解，最终融合成一片美丽的诗意海洋。安琪的文字犹如一支悠扬的乐曲，吟唱着故乡的苍茫，从远方回响至心底，激荡起一片无尽的浪潮。她的心灵在诗歌中旅行，穿越故乡的山水，在一场充满奇迹的梦中漫游。这场心与故乡的交融有如水墨画中山水融合的自然风光，纵深交错，美不胜收。

阅读安琪的诗篇，读者仿佛跟随她的心灵，漫游在福建的老家，感受着那片土地上的真实和深情。她游历漂泊，停留栖息，欣赏批判，迷茫逃避。《极地之境》像一支悠扬的旋律，吟唱着她十年离乡之后的心路历程（安琪和周新民，2014）。在这首诗中，她以平淡而真实的语言勾勒出自己在异乡的孤独心境，就像一个彷徨的旅人，远离家乡，只为追逐自己内心深处的一片极地之地。她把自己比作"出走异乡"的人，一个敢于冒险，探索远方的勇者；同时又是"到达极地"的人，一个在异乡生活中渐渐适应的人。这种对比展现了她内心对异乡和故乡的矛盾体验，使得整篇诗歌充满了层次感和情感的交汇。

她用比喻和对比的手法勾画自己的人生轨迹：仿佛摸到太阳，感受到了掌心的温暖，但却也因光芒的刺痛而受伤。这充满了诗意的形容，使得她对自己选择和经历的怀疑与探索更加深刻。她的文字是一把钥匙，打开了内心深处的矛盾与纠结。故乡在她的诗中，不再是一个具体的地方，而是一个模糊而复杂的概念。她用"摸到过太阳也被／它的光芒刺痛"来表达对离乡的双重感受。这个比喻体现了她作为异乡人时心理状态和生活境遇中的努力和困惑，她仿佛站在时光的交汇点上，不断寻求自我认同和价值实现。

7.3.4 安琪对中文地理诗的使命的解读

安琪主张在全球化的语境下坚持中文诗歌的地域性。这并不是指封闭排他的表达，而是一种开放包容的多元文化交流（程一身等，2015）。诗歌的地域性并非对外部世界抵制或拒绝，而是对外部世界接纳与融合。这不是对自身文化盲目、狭隘或自满的肯定，而是批判、开放和自省的反思。

诗歌的地域性并非一成不变的文化特征，而是一种变化的、复杂的、历史的文化现象。它不是不受时间和空间影响的文化本质，而是受时间和空间制约的文化构成。它不是一种不可改变的文化命运，而是一种可选择的文化策略。这种地域性也不是孤立的、边缘的、无关的文化存在，而是联系的、中心的、重要的文化贡献。它并不无视或漠视世界，而是关注且参与世界。它并不隔绝或疏离人类，而是与人类沟通或共情人类（安琪，2018）。

在时光的长廊里，诗人是时代的发言人，应当拥有对当代地理空间的敏感洞察力和卓越写作力。每个时代都需要留下与之相呼应的文本，而书写城市化的诗人，则面临着更高的要求。我国的诗歌传统扎根于农业文明，经千百年的诗化，田园、山水和风花雪月等已成为诗意的代表；而城市化的产物，如钢筋、水泥、霓虹灯和高速公路等，在常规思维中似乎与诗意毫不相关。

安琪在推动地理诗学进程中，尤其在城市化与都市的地理诗学方面表现出色。城市化的推进使得未来的地理诗学可能更关注城市空间的诗学表达。城市景观、城市生活和城市体验等将成为诗人创作的灵感源泉，而城市化对诗歌语言和形式的影响也值得深入研究。在这座充满霓虹光芒的巨大迷宫中，城市的律动与诗人的心跳交织在一起。安琪呼唤诗人拓宽感知的领域，打磨语言的工艺，真正娴熟地处理城市题材。城市化不仅是物质的变迁，更是文学的进程。在现代巨兽的怀抱中，我们需要用更丰富的想象力和更深刻的感悟力，来勾勒这座城市的灵魂。未来的地理诗学或许将是一场对城市空间进行深刻剖析的冒险。城市不再只是石和钢铁的堆砌，而是一首充满生命力的抒情诗。它的脉络在高楼林立间跳跃，街巷里流淌着情感的河流，每一个建筑物都是一个音符，共同谱写城市的交响乐。

7.4 安琪的女性地理诗歌

7.4.1 安琪的女性主义

安琪的女性地理诗歌以女性的独特视角和深邃经验，探寻着女性与空间、地方的交织关系。她的笔触穿越时空的迷雾，关注着女性在不同空间和地方的身份和地位，挑战并改变着空间和地方的性别化和压迫（安琪等，2022）。在她的诗中，女性如风一般自由，在各种空间和地方中舞动身姿。她以个人的情感和感知为轻巧的羽翼，穿越城市的高楼、乡村的田野，从家庭到社会，从国内到国外。她的诗歌是一幅宽广的图景，描绘着女性在不同环境中的观察和感受，记录了女性在这些空间和地方中的嬗变与成长（安琪，2023a）。

这些诗篇如星光闪烁，透露着安琪的深刻社会和政治意识。她直面女性在由男性主导的社会中遭遇的不平等和歧视，她的笔尖成为女性解放的利剑。其诗歌的旋律里也弥漫着对全球化和战争时代带来的危机挑战的反思和抗议（王洪岳，2014）。在她的诗篇中，女性并非被动的旁观者，而是通过诗歌表达对生活的理解和反击的主动者。她的诗歌充满了个体的敏感与细腻，却又不乏女性的坚韧与勇敢。这些文字如一场视觉盛宴，勾勒出女性在复杂社会空间中的多重身份，展示出女性在各种境地中的情感起伏与成长蜕变（师力斌，2014）。

在安琪的诗歌世界中，女性并非只是男性的衍生，或附庸于男性的存在，而是拥有灵魂的精神载体，是命运的主宰者。她的笔触不回避女性身体与感官的真实，大胆展现女性的欲望和情感，摆脱男性权力的桎梏，展示女性的主动和自信。例如，《女性主义者笔记》如一场奇异的舞蹈，安琪在其中挥舞着讽刺、挑战和抗争的旗帜，用文字编织起对女性问题的关怀和坚定立场，用诗歌向各种束缚女性的规范发起强烈的反击。

安琪对女性主义理论的研究和应用是一场独特的探险，她审视女性身份、女性经验、女性写作和女性权利等，以强烈的观点和主张与时代进行对话。她的诗歌中，语言和形式的突破创造出丰富的多样性和深度，通过不同的角度、视角和语境，为女性诗歌注入更为丰富的内涵与表达。安琪的创作是一场女性心灵的奔放盛宴，是一幅抽象的图景，勾勒出女性在复杂社会中的多重身份，展现出女性的坚韧与柔美，是一次对女性主义的深刻追问和深情回应。她的诗歌弥漫着女性的生命力和创造力，勾勒出女性生育和母性的图景，试图在生命的深邃和诗歌的辽阔中寻找一种平衡和和谐。在她的笔下，女性成为历史的一部分，成为生存和抗争的主角，她试图在社会和历史的长河中找到女性独特的位置和价值，并不断挑战和改变由男性主导的历史脉络。

7.4.2 安琪诗歌中的女性意象与情感

安琪的诗歌中，女性意象是一幅浪漫的图景，描绘出女性身体、情感、生活、社会和文化等多重维度，呈现出女性独立、自信、敏感和多元的多彩特质。在她的笔下，女性形象不再局限于传统的美丽、温柔、柔弱等刻板印象，而是融合了勇敢、智慧、创造和反抗等丰富的可能性。女性不再仅仅渴望和享受爱情，也有对社会的批判和反抗；既有对生命的敬畏和感激，也有对死亡的思考和接受。她的女性形象是多面、主动和自主的鲜活存在。

这些女性形象并不拘泥于现实的具象，而是通过巧妙运用大量抽象、象征和隐喻的手法，创造出一片超现实的诗意世界。她笔下的女性有时是一朵盛开的花朵，一只自由翱翔的鸟，一颗明亮的星辰；有时是一抹柔和的颜色，一阵悠扬的旋律，一丝沁人心脾的气味；有时是一场美丽的梦境，一段深邃的记忆，一种流淌的情绪。这些女性形象构筑了一个充满想象力和创造力的世界，为读者营造出一种神秘而美妙的氛围。

安琪的女性意象并没有脱离她个人的经历和情感，而是深刻地反映了她作为女性、诗人和个体的内心世界。她通过诗歌自省和自白，关注并关爱他人，观察并赞美自然，借鉴并创新文化。这些女性形象具有独特的个性，展示了当代女性诗人的独立精神和独特艺术风格。

安琪犹如一位城市女性的魔法使者，将自我认同和自我反思融入每一行文字。文字中的反复对比勾勒出她内心的复杂和悖论，宛如一场心灵的旋风。她是北漂者，也是女性主义者，内心弥漫着迷茫和压抑，却又充满坚持和期待。她的语言简洁而真实，描绘出与城市的张力和冲突，犹如面对一场无法回避的战斗，但文字中透露出一种不愿放弃的执着。

7.4.3 安琪诗歌中的女性身体与地理

女性身体既可以看作诗歌的源泉，也可以看作诗歌的沃土，承载着丰富的情感和多重层面的意识，是一个神秘而深邃的空间符号（王晓华，2019；王柏华，2009）。

让我们漫步在这片充满可能性的画布上，逐一揭开女性身体的不同空间面貌。①女性身体被赋予了自然的意蕴，是与月亮相媲美的存在，流露出孤独、寂寞、渴望和美丽的情感。这是一场身体与自然之间的对话，月光洒在身体上，思绪在夜空中飘荡，描绘出女性与自然的亲近、和谐、依赖和抗争。②女性身体被铭刻为社会的空间，与社会的规范、压迫和暴力形成鲜明对比。女性身体是一座抗争的城堡，是痛苦、伤痕、创伤和变形的见证者，身体的每一寸皮肤都见证了对社会不公的反抗，揭露女性在社会空间中的辛酸与坚持。③女性身体被诠释为文化的空间，与文化的经典、传统、异域和流行相互交融。女性身体是一部鲜活的文学巨著，承载着文化的继承、创新、借鉴和融合，展现女性对文化的自信、自由和自强（Bordo and Heywood，2004；蒲丽君，2020）。

安琪以丰富的意象和隐喻，用诗歌编织着女性身体的诗篇。她的作品不仅是对女性身体的赞美，更是对女性生命内涵的深刻挖掘。在她的笔下，女性身体成为一片神秘而美丽的诗意空间，唤起读者对生命、情感和身体的深刻思考。通过对身体的感知、表达和书写，安琪展现了女性的主体性、独立性，以及对欲望和情感的深刻探索。安琪的诗歌中，女性身体不仅是一种主题，更是她创作的灵感源泉和丰富资源，她对身体的观察和描绘是深刻而生动的。在《像杜拉斯一样生活》中，她将女性身体与写作巧妙地交织在一起，表达了女性身体与爱情的自由选择之间的紧密联系。这种创作方式不仅呈现了身体的美感，更将女性的自主权和独立性融入诗歌的笔触中。

安琪将女性身体视为一种抵抗的工具，通过身体的反抗、叛逆和变形，有力地对抗男性的权力和社会的规范。在《事故》中，她以独特的诗意表达了身体的痛苦、伤痕和创伤，呈现出女性身体在挣脱社会束缚中的顽强和坚韧。《事故》中充满了对身体的变异、重组和重生的描绘，展现了身体在痛苦中的变异，以及在变异中的力量与重生。这种创作方式不仅在情感上触动读者，也为女性身体的多维度呈现开辟了新的可能性。此外，她巧妙地将女性身体作为连接的桥梁和符号，通过身体的交流、共鸣和互动，将自己与他者、不同文化和历史融为一体。在《父母国》中，她通过身体的触摸、呼吸和拥抱，打破了时空的界限。

对安琪而言，用诗歌表达女性身体是一种对灵性和力量的探索。她在诗歌中展示了女性的复杂性和韧性，不仅呈现了肉身的关怀，更反映出形而上的思想。安琪的诗歌实践为中国女性创作开辟了新的可能性，让身体成为一个丰富而多彩的表达语言。

7.4.4 德·勒乌和安琪的女性地理诗歌探索

德·勒乌（de Leeuw）和安琪作为女性诗人，用她们独特的笔触和深刻的洞察，倾听并呈现了女性在空间、地方、身体和生命等多个层面的深邃心声[①]（张巧欢，2014）。她们用女性主义视角的地理诗歌，细腻地描绘着女性在不同空间和地方中的身份和地位。这是一场关于女性与空间的对话，是她们通过诗歌来挑战和改变空间中的性别化和压迫的勇敢探险。

---

① https://poets.org/poem/diving-wreck，https://poemanalysis.com/carol-ann-duffy/the-map-woman/。

德·勒乌的诗歌是关于性别和大地的,特别是在《一个情人的地理》中,恋人的身体与风景的身体纠缠在一起。她指出,诗歌是一种更多在联想或直觉中诞生的形式,它可以激起读者的兴趣,触及肠胃、皮肤以及头脑。德·勒乌的散文诗的内容和形式都创造了一种令人窒息的运动和体验,像北部的极光,闪烁着加拿大北部地理、文化和历史的光芒。她关注边缘化的人和地方,尤其呼唤着原住民的生活和权利。她的诗歌不仅关照自然和社会,更是一曲对加拿大北部多元与复杂的赞歌。南部与北部、原住民与移民、自然与人类,在她的诗歌中展现出深刻而宏大的关系与冲突。相对地,安琪的诗歌则受社会变迁和个人经历的浸润。她的笔触聚焦于女性的身份、情感,尤其是北漂女性在生存和写作中的坚持。她的诗歌仿若一面镜子,映照出对自由和诗歌的不懈追求。女性的身体、生命、爱情和写作等元素在她的诗歌中被深度挖掘,呈现出女性的主体性和独立性。

德·勒乌和安琪这两位各具风采的女性诗人,其笔下的诗歌如两种不同的风景,一种是平实如画的北部风情,另一种是激进如梦的内心之旅。德·勒乌的诗歌是北部生活的纪实,是平实的叙事。她选用日常的语言和精细入微的细节,为读者勾勒出加拿大北部的风景和人物。她的诗歌时而具有故事性和对话性,时而运用象征和隐喻,虽不张扬,却深具内涵。相对而言,安琪的诗歌风格则如烈焰一般激进而创新。她以极端的语言和意象勇敢展现女性的内心和外在。她的诗歌时而带有超现实和梦幻的色彩,时而以自造的词和句式,打破常规和突破惯例。在她的笔下,女性的情感和思绪呈现出一种强烈的冲击感。

两位诗人的作品都呈现了她们对当下生活的深刻感悟和对自我身份的探索。她们用自由奔放的语言,交织出一幅独特的美学图景。这图景既有现实主义的细节描写,又有超现实主义的意象变幻;既有抒情主义的情感流露,又有后现代主义的语言游戏。在这充满个人化和私密化色彩的诗歌中,女性的情感在纷繁复杂中绽放,呈现出各种真实而丰富的情绪和态度,构成了一种多元而深入的女性主义视角。她们用诗意的文字,勾勒出女性在复杂的社会网络中的自我认知与反思。这不仅是对自身情感的追溯,更是对女性与男性、家庭、社会和诗歌等关系的深刻剖析。

参考文献

安琪, 2018. 安琪:为民间诗刊立传:读张清华主编《中国当代民间诗歌地理》[EB/OL]. (2018-02-

05）［2024-04-24］. https：//www.zgshige.com/c/2018-02-05/5351643.shtml.

安琪，2023a. 安琪：语言、勇气、良知是诗歌写作三要素［EB/OL］.（2023-03-21）［2024-04-24］. http：//www.chinawriter.com.cn/n1/2023/0315/c405057-32644913.html.

安琪，2023b. 礼赞壮丽山河，诗人安琪诗集《暴雨和绵羊》近日正式出版［EB/OL］.（2023-11-06）［2024-04-24］. https：//zhuanlan.zhihu.com/p/665216332.

安琪，周新民，2014. 安琪：燃烧的诗歌与人生［EB/OL］.（2014-06-24）［2024-04-24］. https：//www.chinawriter.com.cn/2014/2014-06-24/208713.html.

安琪，雷默，2023. 地理也在选择它的诗人：安琪答雷默问［M］//安琪. 暴雨和绵羊. 呼和浩特：内蒙古人民出版社.

安琪，潇潇，施施然，等，2022. 安琪、潇潇、施施然、戴潍娜在《中国女诗人诗选》新书发布会上的发言［EB/OL］.（2022-06-30）［2024-04-24］. https：//zhuanlan.zhihu.com/p/536043544.

程一身，周瑟瑟，黄明祥，等，2015. 自由的写作精神与一意孤行的气质［EB/OL］.（2015-08-10）［2024-06-12］. http：//www.zuojiawang.com/xinwenkuaibao/14676.html.

罗文婷，2022. 当代诗歌的地方美学与地理转向：以江西地域诗群的形成与命名为例［J］. 创作评谭（3）：53-56.

蒲丽君，2020. 论翟永明诗歌中的女性意识［J］. 名作欣赏（20）：121-123.

师力斌，2014. 安琪的"帝国主义诗歌"：读安琪短诗选《极地之境》［J］. 新文学评论，3（2）：34-36.

王柏华，2009. 中国诗学中的身体隐喻［J］. 东方丛刊（1）：36-45.

王洪岳，2014. 在碎裂与统一的诗国里探寻：论安琪的北京短诗［J］. 文艺评论（9）：87-92.

王晓华，2019. 身体诗学：一个基于身体概念的理论图式［J］. 中国文学批评（2）：140-151，160.

杨碧薇，2023. 安琪的诗歌风景［M］//安琪. 暴雨和绵羊. 呼和浩特：内蒙古人民出版社.

张巧欢，2014. 女性主义地理学批评及其在中国的发展［J］. 广西社会科学（5）：158-162.

Bordo S, Heywood L, 2004. The Body and the Reproduction of Femininity［M］//Bordo S, Heywood L. Unbearable Weight：Feminism, Western Culture, and the Body. Oakland：University of California Press：165-184.

第 8 章　诗人陈年喜的恋地诗歌

8.1 炸裂地心的诗歌呐喊

8.1.1 峡河的吟唱者

峡河村是陕西省东南部的一个小村庄。它是中国经济发展中一个相对被遗忘的角落,默默地见证了岁月的荏苒。这块被时光磨砺的土地,孕育出了陈年喜这位村庄的骄子,也激发了他诗歌和散文的灵感。1970 年 2 月 5 日,陈年喜出生于峡河村,他的父亲是一位木匠,母亲则是默默耕耘的农民。在峡河这片土地上,陈年喜度过了童年和少年时光,这片沃土滋养着他的灵魂。早年,他就展露出对文字的钟爱,热爱读书,沉浸在自己的诗意天地里。初中毕业后,他踏上了外出打工的征程,标志着他的人生进入了一个新的篇章。在《诗刊》《青海湖》《中国诗歌》等杂志上,他的诗作得以发表,宛如一场青涩的初夏雨,轻轻滋润着他的心灵。

1999 年,他为了生计踏入河南灵宝的金矿,开始了漫长的矿工岁月。地下深处是孤独、辛苦、危险和死亡的轮回,他在漆黑的地下不仅挖出了宝贵的矿石,更在心灵深处埋下了感人至深的诗歌。2010 年,他开通了博客,将心灵的独白在网络上发布,与世界交融。2014 年,《我的诗篇》纪录片摄制组找到了他,将他的人生拍成了影像。2015 年,颈椎病迫使他别离矿山,成为旅游公司的策划。同年,纪录片《我的诗篇》上映,引起社会广泛关注,为他赢得了掌声。2016 年,他荣获首届桂冠工人诗人奖,这是对他不懈追求的褒奖。2019 年 1 月,他出版了诗集《炸裂志》,其中收录了他 2013~2017 年创作的 260 首诗歌,每一首诗歌都是他心路历程的真实写照。

2020 年 3 月,陈年喜被医生告知患上了尘肺病,这是一种无法医治的顽疾。在这个春寒料峭的季节,他承受着生命中的一场无法避免的磨难。同年 7 月，他成为了贵州省作家协会的一员，似乎想在作家群体中寻找一份心灵的温暖。同年 10 月 17 日，他参与了央视《朗读者》第三季的录制，带着沉甸甸的心情朗读了自己的诗歌《秦腔》。在那个瞬间，他的声音穿透了岁月的风尘。

2021 年 5 月，陈年喜出版了自己的第一部散文集《微尘》，其中记录了他对自身和周遭生活的感悟和见证。这本书是对生命碎片的拾取，是对微不足道的尘埃的观照，是对岁月中沉淀的点滴的珍视。同年 6 月，他推出了非虚构故事集《活着就是冲天一喊》，细腻地描绘了社会底层苦苦挣扎、追求生存的人们的真实画面和内心挣扎。同年 9 月，陈年喜的名字闪耀在《南方人物周刊》"2021 魅力人物 100 张中国脸"的名单上，成为令人瞩目的魅力人物。2022 年 1 月，他推出了散文集《一地霜白》，用文字书写着自己人生中的种种经历和情感波动。同年 2 月，他推出了诗歌集《陈年喜的诗》，这本书汇聚了他近年来创作的一系列新诗。

8.1.2 桂冠工人诗人

陈年喜的作品是一幅幅滚动的图景和一个个生活的镜头，为他赢得了无数奖项和荣誉，他也因此被誉为"桂冠工人诗人"。他的文字真实而质朴，深刻而感人，受到了广大读者和评论家的青睐与推崇。他的作品不仅是个人心灵的表白，更是对中国社会发展和变革的生动记录。陈年喜用他的诗歌与散文为那些在地下深处或社会边缘辛勤付出的人们发声，给予其温暖和尊重。他的文字是珍贵的人生礼物，是关怀的呼喊，激荡在岁月的涟漪之中。峡河河水静静流淌，饱含了岁月的风霜。陈年喜的文字如峡河的涓涓细流，深深地扎根于这片土地，传达出对生命、坚持和故土的深切思念。这是悲怆而真挚的一段故事，也是平凡人生中的一个奇迹。

陈年喜的诗歌不仅是对他个人命运的抒发，更是对众多农民工命运的真切反映。这些劳动者为了谋生和家庭，不得不从事危险且辛苦的工作，身心饱受创伤。在社会底层默默奉献的他们，往往被社会忽视和边缘化。陈年喜的诗歌以坦诚而沉重的语气，呼吁对这些默默奋斗的劳动者给予关注和尊重（陈年喜，2019a；陈年喜，2019b）。

他的诗歌巧妙地运用比喻、拟人和象征等修辞手法，使得诗歌的形象生动而充满内涵。例如，他将自己比作"岩石"，将亲人比作"引信"，将爆破比作"一生重新组合"，将诗歌比作"冲天一喊"等。这些比喻充实了诗歌的图像，使其既有形象感，又蕴含着深刻的寓意。他还娴熟地使用对比、反讽和夸张等手法，突出诗歌的主题和情感，通过将自己的中年与亲人的晚年、劳动与文学、现实与理想进行对比，表达生活的酸甜苦辣。他灵活运用语言的节奏、韵律和声音等，增强了诗歌的音乐性和美感。例如，使用四字句或五字句、平仄相间或押韵的词语、拟声词或重复词语，使诗歌具有朗朗上口、富有魅力的特点。此外，他善于运用民间语言、方言和俚语等，赋予诗歌地方色彩和民族特色，为作品增色添彩。

8.2 诗歌代表作品《陈年喜的诗》

8.2.1 第一辑峡河边上

陈年喜的诗集《陈年喜的诗》第一辑峡河边上共收录了 38 首诗歌，主要聚焦于他的童年回忆和对家乡峡河的深沉情感。这些诗篇勾勒出陈年喜对乡村生活的敏锐观察和深刻感悟，以及对父辈、亲友和同学等的深深怀念和敬意。他以朴实而富有力量的语言，描绘了峡河岸边的村庄、乡村公路、老街、广场、井、橘子、桃树、艾草、泡桐、燕子、雨天、插秧季等物象和场景，以及他对这些画面的所见、所闻、所感（陈年喜，2022）。

童年和回忆占据了该诗集第一辑的主要篇幅。陈年喜在诗歌中多次回溯自己的童年时光，将目光投向自己牵挂的亲朋好友，展现了与他们之间深沉的亲情和真挚的友情。他以温暖而真挚的语言，表达了对亲友的感激和怀念，以及对童年美好和无奈的深情思考。尽管他的父亲是一个农民，没有读过书，但在陈年喜的诗中，父亲却是一位教会他如何做人，甚至如何书写诗歌的伟大导师。诗人的童年是一条河流，穿越村庄、山坡和桥梁，涌过诗人那颗充盈着诗意的心灵。

（1）家乡和峡河。陈年喜深情描绘了他的家乡和峡河的风景，以及他对这些地方的深厚感情。他以细腻而生动的语言，呈现了对家乡和峡河的热爱与眷恋，以及对乡村生活的双重态度——赞美与批判。在第一辑峡河边上，他感慨道："峡河边上是我的家乡，那里有我出生的地方，那里有我长大的地方，那里有我爱过的人，那里有我写过的诗。"透过诗句，他将家乡描绘成一个承载记忆和生命历程的地方。在《乡村公路》中，他以朴素而深沉的笔触写下"那些摩托车上呼啸而过的人／大都已不认识／只有路旁的小白菊／依旧清艳无比／它们／沿着路牙慢慢地走／只有我知道"。通过对乡村景象和个人记忆的描绘，诗歌展现了时间、记忆、人与自然之间的深层关系，捕捉了时间流逝与生命变化中的孤独感与乡愁。

（2）生活和苦难。陈年喜多次反映了他所亲历和目睹的生活与苦难，表达了对这些经历的态度和观点。诗人以坚强而悲壮的语言，表达对生活的不屈和抗争，以及对苦难的深切同情。例如，《雨天》和《插秧季》将生活中的雨天与插秧季描绘成生与死、命运无常的象征。陈年喜以真挚的文字，呈现了他对生活的深刻思考和对苦难的坚韧面对。

（3）爱情和渴望。陈年喜也表达了对爱情和渴望的向往与追求，以浪漫而动人的语言传递了他对爱情美好和期待的情感，以及对渴望痛苦与满足的深刻感悟。例如，在《桃树》和《白羽路》中，他巧妙地将自己对爱情的理解融入诗中，通过桃树和白羽的意象，表达了对爱情的美好幻想与感慨。这些诗歌不仅展示了陈年喜对生活多层次的体验，也深刻诉说了他对家乡、生活、爱情和苦难的复杂情感，使读者在诗意的文字中感受到悲怆而真挚的情感。

第一辑的诗篇既带有对过去的怀旧，又蕴含对现实的深刻反思。诗人用赞美的笔触描绘生活的美好，同时也表达了对苦难的抗争。他对爱情的渴望与对友情的珍视相互交织，呈现出丰富而真实的人生面貌。这一辑诗歌既是陈年喜对自己和世界的一种诠释，也是他通过诗意填充时间和空间的一种方式。每首诗都如一段时光，穿越过去的岁月，投射出那个时代的光影。

8.2.2 第二辑内心的更易何其缓慢

《陈年喜的诗》第二辑内心的更易何其缓慢收录了 36 首诗歌，其中蕴含着朋友的聚散、爱情的缝补，以及亲情的牵挂（陈年喜，2022）。这一辑诗歌是一幅深邃的油画，透过朦胧的画布，呈现出陈年喜内心世界的复杂纹理。

（1）朋友的聚散。这些诗歌仿佛是一幅时光的图景，展示了诗人与朋友相逢告别的情感沉淀。在《风声之夜，和阔别三十年的同学小饮》和《在北京见到了父亲》中，他以晦涩的笔调勾勒出与亲朋好友相聚的瞬间，在寥寥数语中透露着岁月的沉淀。珍贵的友情和亲情像深邃的酒窖，难以言表。

（2）爱情的缝补。诗歌是一位缝匠，将爱情的经历细密地缝补在心灵的衣袖上。在《合欢几时有》和《缝补》中，陈年喜运用晦涩的辞藻，将对爱情的思考嵌套在文字的深渊。爱情不再是花团锦簇，而是深邃的心灵缝隙，弥散着岁月的沧桑。

（3）亲情的牵挂。陈年喜的诗歌渗透着对家人深深的牵挂，像潮湿的露珠挂在心灵的窗棂上。在《姐姐》中，陈年喜以陌生化的语境，表达对家人的感激与思念。这不再是简单的家庭责任，而是一份深邃的家族情感，贯穿着诗歌的血脉。

这些诗歌不再是一般的文字，而是一种借代的心灵之舞。诗人通过多种修辞手法，包括通感、夸张、对偶、比拟等，勾勒出自己内心深处的情感世界。情感层层叠叠，像巍峨的山川，悲壮雄浑。这是一场心灵的独白，让读者在笔墨之间感悟到生命的深刻和情感的浓烈。

8.2.3 第三辑离开与抵达

《陈年喜的诗》第三辑离开与抵达共收录了71首诗歌。纵览他在不同地域的漂泊与抵达，每首诗都是铭刻在其灵魂深处的地图，记录着他在流离之际的所思所想所感（陈年喜，2022）。

第三辑是诗人对漂泊心灵的剖析，是对离开与抵达的沉痛颂歌。陈年喜以有力的笔触描绘了他在新疆、贵州等地旅行时所经历的沧桑。诗歌是一支悲壮的交响乐，奏响着他对外部世界深刻认识的乐章。

他所作的关于新疆的诗歌，是沙漠中的风暴，席卷而来，留下深深的痕迹。在《开往乌鲁木齐的火车》和《阿斯塔那古墓群》中，他的文字如热浪般滚滚而来，表达着对新疆的赞美和敬畏。这片土地充满神秘和荒芜，他在文字中呼唤着这片土地的沉默。

他笔下关于贵州的诗歌是翠绿的山川，清新而惊艳。在《萍水》和《双河谷》中，陈年喜的文字如溪流一般轻盈而悠扬，渗透着对贵州的欢喜和对当地人民的亲切，仿佛置身于翠峰之巅，感受大地的心跳。

他的文字像探险家的脚印，在世界各处留下了深深的烙印。在《过五丈原》和《帝国大厦》中，他以多样而丰富的语言，表达了对陌生地方的探索和认识。这是一场冒险，是他在文字的丛林中穿越，探寻着未知的奥秘。

这些诗歌反映了陈年喜对外部世界的认知，如刀锋一般深入肌肤，揭示了漂泊与抵达的无尽律动。他的文字中蕴含着悲怆雄浑的情感，像在诉说一位追逐光明的流浪者，背负着岁月的沉重，却依然坚韧地向前行。

8.2.4 第四辑奔跑的孩子

《陈年喜的诗》第四辑奔跑的孩子收录了 26 首诗歌，深刻而犀利地切入现代工业文明的脉络，将冰冷的机械与柔软的人性交织，勾勒出奔跑的孩子在极具对比的世界中的象征和深意（陈年喜，2022）。这一辑诗歌传达了他对生活和社会的铿锵呐喊，是他在城市和乡村、工地和工厂中感悟时光奔腾的深刻记录。

（1）工业与人性。陈年喜以钢铁般的笔触描绘了工业化社会中的骄阳，他的文字犹如重锤敲击，呼应着机械冷漠与人性温暖的交锋。在《塔吊》中，他用犀利的语言切入，"风雨重锁了远处的家门／吊塔无论长得再快／也快不过亲手喂大的房价／这仿佛印证了一个真理／所有的命运／总是呈现出／与追赶相反的镜像"。整首诗借助塔吊的意象，将个体命运与社会经济结构的错位展现得淋漓尽致，揭示出劳动者在现代社会中的隐形困境。而在《焊接》中，他对焊接的描绘则是一首赞歌，通过火花、光芒、热量和力量等意象，将工业技术与生命的延续融为一体。只不过劳动者的身份在物质化的建筑中消融，象征了个体在庞大的工业结构中被物化。

（2）奔跑与孩子。陈年喜的语言风格像疾风一般疾驰而过，轻盈而有力。在《奔跑的孩子》中，他捕捉到了奔跑的韵律，写下"跑过皮村坑洼街道的孩子／穷人的孩子／他们／肠胃里盛着粗食和白薯／他们多么快乐／快乐像一块新抹布／擦过秋天的旧桌子"。然而，孩子们的奔跑与快乐，与成年人的无奈与辛劳形成鲜明对比："他们还不知道这个世界／有多大／有多少流水正失去速度／他们的父亲和母亲／正在上班途中／一阵秋意／让路上的自行车更加迫急"。诗人通过这些对比，以朴实的语言描绘了成人世界中困境与奔波，揭示了个体劳动者生命中难以逃避的现实。

（3）生活与社会。陈年喜以生活和社会为切入点，用朴实而鲜活的语言，讲述了在不同场景中经历的人和事。在《新婚记》中，他以质朴的文字勾勒出一个诗歌以充满讽刺意味的结尾结束，"一对新人在墙角地板上开始了新生活／一张新床悄悄出门／天亮之前它必须返回／木器厂的展厅"。这一情节揭示了工人夫妻都没有一张属于自己的床，床不过是木器厂展品，天亮之前必须归还。这个细节充满了辛酸与无奈，象征着生活的暂时性和不稳定性。床作为婚姻生活的象征，本应代表家的稳定与安宁，但在这里却成

127

了工业产品，随时要被拿回展厅，显示了劳动者物质条件的匮乏和婚姻生活的脆弱。这也是对工人现实处境的细腻描写，以及对婚姻、命运和生活意义的反思。

这一辑诗歌包含了陈年喜对现代工业文明的深刻反思，是他对奔跑和孩子的崇高寓意的解读。他的文字在狂风暴雨中奔腾，像一匹脱缰的骏马，驰骋在时光的原野，为我们呈现出一幅充满力量和温暖的生命图景。

8.3 陈年喜的大地

8.3.1 陈年喜的乡村

在陈年喜的诗歌中，乡村并不只是一方具体的地理区域，更是一个复杂而多层次的空间，交织着现实的描绘和诗意的想象。乡村既是诗人身份的标志，亦是情感的寄托，更是文化的符号、历史的见证和社会的缩影。从多个角度来解读陈年喜笔下的乡村，我们能够窥见其中的深邃内涵。

乡村在陈年喜的诗歌中扮演着诗人身份的标志。他生于陕西东南部的一个小山村，这片乡土的土地、方言、风景和民俗都成为他创作的灵感源泉。在他的诗歌中，家乡、父母和童年都频繁出现，成为他情感的承载体。乡村的语言和形象贯穿于他的文字，他以乡村的视角观察世界，以乡村的态度评价人生。乡村不仅是他的根，更是他的魂，是他创作的源泉。在诗歌《乡村小学校》中，他写下"在早已无影的祖师庙 / 峡河左岸是通镇公路 / 通镇公路左边是两棵柏树 / 柏树后面是一排小学校 / 它藏得那么深 / 这是 / 地理与时间的精心安排"。《乡村小学校》通过描写一所偏远乡村小学的物理变迁，深刻反映了城市现代化对乡村教育和文化的影响。地理与时间在这首诗中交织，既体现了自然环境的深远意义，也揭示了时间带来的衰落与失落感。这种失落感不仅关乎教育本身，还关乎整个乡村社区的衰退和文化传承的断裂。

乡村在陈年喜的诗歌中是诗人的情感寄托。离开乡村后，他在矿山和城市艰辛打工生活，他的诗歌因此充满了对乡村的思念、对家人的牵挂和对故土的眷恋。他以乡村的景物和气息安抚自己的心灵，用乡村的记忆和想象抵御现实的压力。乡村成为他的慰藉，是他的力量，也是他的同情、呐喊和担当。陈年喜对陕西东南部的深厚感情，尤其对秦腔、商山和秦岭等地方文化与自然景观的怀念赞美在诗歌中得以体现。他对乡野的情感既复杂又深刻，既有对故乡的眷恋和赞美,又包含了对漂泊的无奈和抗争,以及对自然和生命饱含深刻感悟和超越。

乡村对于陈年喜而言,更是他承载历史的见证,是他身临其境书写的时代图景。这片乡村沧桑而庄重,记录了中国社会变迁的历史进程和经济发展的曲折征程。在陈年喜的诗歌中,乡村既是他的时代,也是他的责任,他以此为笔墨,描绘了乡村的变化冲突,以及乡村的传统与现代的辗转。乡村也见证着社会的变迁和矛盾。陈年喜以乡村的故事与人物为镜,反映了社会变迁下的问题与冲突,如对矿山生活压抑而压迫的关注,对现代文明扭曲与荒诞的批判,对农民工命运悲壮而呐喊的关切。他的笔触深入乡村的褶皱,将历史的进程与意义呈现在读者面前,乡村成为他发出时代控诉的声音,是他内心深处对历史变迁的审视。

乡村在陈年喜的诗歌中成为社会的缩影,是底层与农村的代表。他关注乡村的贫困与落后,感悟乡村的苦难与抗争,描绘乡村生存的坚守与尊严。乡村是他的同胞,是他所处的阶层,是他感悟社会不公的切身经历。在陈年喜的笔下,乡村的生活和命运是一幅社会阶层的油画,他以自身特有的视角呼唤社会对底层人民的关注与尊重。

陈年喜诗歌中的乡村是一个充满诗意和意义的空间,既包含了他个人情感的抒发,也反映了他对社会深刻关怀的表达。乡村是他内心的精神家园,也是他身临的现实写照。乡村不仅是他的身份标志,更是他为之奋斗的历史见证。这片乡野承载了他对故乡的深深怀念和真挚赞美,记录了他在漂泊生活中的无奈与抗争,是他对自然和生命感悟与超越的象征。

8.3.2 陈年喜的矿山

在矿山深处,陈年喜刻下了自己的人生符号,那漫长的 16 年是一段承载着孤寂、死亡和对生命深刻思考的时光(李楚悦,2020;艾江涛,2022)。他的诗歌如矿石一般沉重,记录着矿山的冷漠、工友的逝去,以及现代生活与矿井下的挣扎的巨大鸿沟。矿山不仅是挖掘矿石的土地,更是他生存的狭窄舞台,像一座牢笼,一座坟墓。在那黑暗的深渊中,他与石头、炸药和机器为伴,每一次挖掘,都是对生命的重新组合。他在诗歌中咆哮,写下"我在五千米深处打发中年 / 我把岩层一次次炸裂 / 借此 / 把一生重新组合"。矿山成了他的生存之所,也是他创作的源泉,以炸裂的生命,铸就着诗意的奇迹。

然而，矿山并非只是陈年喜的创作背景，更是他的困境之地，他感受到的不仅是地底深处的黑暗，更是社会的不公和时代的冷漠。在那片雪白的土地上，他们如雀鸟一样孤零，面对着白雪的洗礼，黑暗使他们更显沉寂。陈年喜写下"人间是一片雪地／我们是其中的落雀／它的白／使我们黑／它的丰盛／使我们落寞"。他的诗歌里蕴含着对社会不公的呐喊，他用黑暗的矿洞里传来的回声，传达出对于自身存在的愤怒与悲哀。

矿山也成为他反抗的空间，他的诗歌承载了他对生活的质疑、对社会的反抗、对命运的挣扎。他写下"有谁读过我的诗歌／有谁听见我的饿"。在这种被遗忘、被边缘化的状态下，他以凌厉的文字，刺穿苍茫的矿山夜空，呼唤世人对底层人民的关注与温暖。陈年喜就像是炸药引爆后的火花，在黑暗中闪耀，他的诗歌是心灵的炸裂，是对命运的无奈呐喊，更是对于人性、社会和时代深刻思考的结晶。

矿山对于陈年喜而言，既是告别的殿堂，也是归属的乡愁。在深邃的矿洞里，他与故土、亲人和朋友辞别，却在冰冷的矿层中发现了新的家庭、友谊和爱情。他的诗歌如雷霆炸裂，记录着他"身体里有炸药三吨"的工作现实，描绘了他们之间引信交织的生死相依。矿山成为他生活、思想和情感的写照，也是他与这个世界对话的媒介。"我身体里有炸药三吨／他们是引信部分"，这是陈年喜在诗歌中发出的呐喊，是对离别的苦痛与归宿的渴望。

陈年喜的诗歌是深埋于矿层的宝藏，以雄浑之势，将离别与归属、苦痛与渴望融于诗的熔炉，铸就了一幅悲壮雄浑的图景。矿山不仅是工作场所，承载了他的生活，也昭示着他与自然、社会和内心的交融。这片矿山不仅是他的创作源泉，更是他精神的寄托，是他汇聚诗意的空间。在矿山的图景中，他建构了自己的诗歌世界，以矿山的语言表达了内心的深沉情感，用矿山的经验反思了诗歌的意义。他的诗歌，是一种地理写作，用矿山作为多维的空间符号，展现了矿工的坚韧和创造力，揭示了他们与自然、社会和自我之间错综复杂的关系。

8.3.3 陈年喜的河流

在陈年喜的诗歌中，河流如潮水般汹涌而来，它不仅是自然的血脉，更是心灵的符号。这片水流在他的文字中交汇着家乡和祖先的记忆，勾勒出一幅根深蒂固、富有沧桑感的图景。峡河那条悠远而贫瘠的小河，流淌在他的生命里，既是出生之地，亦是他创作的源泉。在《峡河》的诗篇中，他深情地描绘了这片土地的贫苦，那夹在两省三县的角落，依旧是中国的贫瘠之地。峡河是他的根，哺育他生长出勇往直前的翅膀，这条小河成为他身份认同的象征，根深蒂固的自豪感在诗歌中闪烁。

在地理诗学的研究中，河流承载了多重的象征寓意。河流是诗人内心深处的潜流，欲望、冲动和情感的河水在诗歌中流淌。它不仅代表了诗人生命的涌动，更是在压抑的环境里坚守写作的力量和灵感之源，是一种对抗逆境的最好寓言。河流是陈年喜心中的激情，是汩汩流淌的生命力，将古老的传统与当代的生活相融。河流也是历史的见证者，它承载了千年的文明与战争，映照出现代的变迁和冲突。《鹳河》中的"多少王朝被流水劈为两瓣"，《峡河》中的"那天／我从老家去北京／走完一段陡坡来到峡河岸边／头顶大雪纷飞／山河皆白／旧得不成样子的物事／因为一场大雪变得崭新"，诗人通过对河流场景的描绘，将记忆、家乡、时光的流逝和亲情交织在一起，构建了一个充满怀旧与失落的情感空间。

河流是陈年喜生命之旅中的无言伴侣，流淌着岁月的沧桑，滋养着人们的生存与劳作，也映照着情感的波澜与心境的变迁。在《鹳河》中，河面漂着十二月的寂静，车辆替代了渡船，今天取代了昨天，流水却无可取代，象征着时间的洗礼和命运的更替。他在诗歌《小石潭记》中提到，小石潭被夷为平地，少年走散，有人淹死在打鱼的公海，有人淹死在阿勒泰的矿山炮声。河流见证了生命的短暂和曲折，流水间承载着一代代人的故事。这片水流既是生活的陪衬，也是陈年喜内心世界的一面镜子，映照着他对生命和人性的深刻思考。

河流不仅是生活的陪伴者，更是陈年喜诗歌的源泉，是一股澎湃的灵感之水，流淌在他的创作中，激发着他丰富的想象和深邃的创造力。在《燃灯寺》中，他站在高处俯瞰县城，山峦、大河、树木和312国道在眼前展开，河流像一条生命的脉络，将他与家乡的联系深深铭刻。《峡官公路》中，峡官公路七十里[①]，两旁布满了荒草和流水，土地庙、祖师庙和五峰寺寥落的香火，宛如诗人与河流间的对话，共同谱写着生活的旋律。河流成为陈年喜笔下一抹丰富的色彩，交织在诗歌的篇章中，不仅滋润了土地，也灌注了他的灵感之源。

---

① 1里=500米，余同。

在陈年喜的诗歌世界里，河流不仅是地理的实在，更是一种诗学的想象。这片水域是他内心深处潜流的表现，是欲望、冲动和情感的河水，汩汩流淌在诗歌的篇章中。河流象征着潜意识的流动，是他心灵深处的源泉，更是他流淌的生命力。陈年喜将河流赋予了多重的心理象征，流淌的水不仅代表了潜藏的思绪，更反映了他对生命、文化和自我认同的深刻反思，以及他创作风格和艺术个性的独特体现。陈年喜的诗歌犹如河流滚滚而来，将离别、苦痛、执着与归属编织成悲壮雄浑的诗篇。他以河流为笔，勾画出内心深处的潮汐起伏，用生命之水灌溉着诗的土壤。这片河流不仅是他灵感的源泉，更是他与故土、时代对话的交汇之地。

8.3.4 陈年喜的恋地情结

恋地情结是一条深深植根于灵魂的情感纽带，是人与地方、环境的交融与依恋。陈年喜的诗歌中频繁出现的大地主题，不仅是一个具体的物理空间，更是一个充满象征意义的文化领域，昭示了诗人对个体命运、社会真相以及人类存在的深刻反思和豁达呐喊。在诗人的文字间，每个句子都在用大地的语言述说着内心的激荡。

大地是诗人情感的港湾和记忆的载体。在大地深处，诗人思念着远方的亲人，每一次爆破岩层都是对亲人的深深眷恋，他的中年割舍多少，亲人的晚年就能延长多少。大地成为他回忆过去故事的舞台，在 CT 胶片里，他的半生烙印在时光的记忆中。大地铭刻着他寻找故乡的足迹，在那片小山村，在峡河边上，有他的父母、兄弟、妻子和儿子。大地成为了他的记忆之树，承载着他的根和魂。

然而，大地并不只是诗人心灵栖息之地，更是他对社会弊病的批判与抗争的战场。在大地深处，诗人见证了社会的不公和人性的丑恶，他用锋利的笔触揭示了现代社会的弊端，无论是战争、资本还是教育，都成了他文字中的哭泣符号。大地是诗人审视生命无常和无奈的镜子，尘肺病、母亲的食道癌、父亲的离世，生死事件如影随形，成为他深刻思索和感悟的引信。在这片大地上，诗人发现了生命的苦难，但也汲取了希望和力量。诗人对自身的生存、创作、爱情等生活价值，在大地深处发出了坚定的呐喊，让大地的挑战成为他勇往直前的力量，在大地上舞动剑与光。

在这个过程中，诗人的自我经历了一场深层次的洗礼，成为与大地对照的影像，而非原初、天然、真实的存在。他在诗歌中描述"我在五千米深处打发中年／我把岩层一次次炸裂／借此／把一生重新组合"，言下之意是自我是一具被炸裂、需要重新组合、不完整的拼图，而非一个稳固、完整、确定的自我。此外，他的自我也深受他人的影响，如他在诗中所写"我身体里有炸药三吨／他们是引信部分"，流露了他与工友生死相依的紧密关系。这个自我是在与他人关系的交织中构建的，而非一个独立、孤立、自给自足的存在。

诗人的自我是在涉足语言和文化的象征秩序中形成的，而非一个超越语言和文化的自我。他在诗中描述的"人间是一片雪地／我们是其中的落雀／它的白／让我们黑／它的丰盛／使我们落寞"，表达了对社会不公和矛盾的感悟。自我受到社会象征的束缚和逼迫，而非一个自由、开放、无限的存在。诗人的自我也是受到语言的塑造和表达的，如他写的"有谁读过我的诗歌／有谁听见我的饿"，表达了他对诗歌的渴望和依赖。这个自我通过诗歌这种象征形式得以展现和传达，并不是一个无法用语言描述的存在。

诗人的自我是一个受到实在创伤的存在，是在面对生命与死亡的创伤和难以排解的残余中形成的，而非一个完美、和谐、满足的自我。他在诗歌中写道："这苍茫的大海／向彼岸输送过钢铁／劳工／阿迪达斯的代工鞋子／也迎来过蓝眼睛的坚船利炮／炮膛填充着我们祖先的火药／如今／它埋葬着一位诗人／和他低于机台的青春／那二十四年被禁锢的灵魂／在这里／是否得到了自由？"这是对一位同行的怀念和敬意，也是对生命和死亡的深刻思索和无奈。这个自我在实在界的冲击和伤害中受创，而非一个能够掌控和超越实在界的存在。这是一段深沉、坚韧而又充满悲壮的心灵剖析，使得诗人的自我呈现出一种既脆弱又坚强的姿态。

陈年喜诗歌中的大地是一个多维度的空间诗学，折射着诗人与自然、社会、历史和文化等层面的复杂关系。这片大地不仅是诗人生活的写照，更是诗歌灵魂的映照，承载着他对空间的感知、想象、创造和深情表达。大地也成为一面坚固的盾牌，保护着诗人内心的脆弱与坚韧，既是他情感的源泉，也是他诗歌的永恒灵魂。

8.4 无法逃避的都市

8.4.1 陈年喜的北京皮村

2016年，陈年喜因身体原因告别了矿山，踏上了一段与北京皮村的交缘之旅。这个位于北京东五环外的城中村，因附近的皮革厂而得名，曾是打工者、艺术家、社会工作者的集聚之地，也承载了一系列文化活动和社会实践。在这片城市边缘的土地上，陈年喜开始了他的诗歌和散文创作，将这段时光浓缩成《一地霜白》，记录了他在皮村的所见所感（陈年喜，2021）。他的文字透露出对北京的复杂而微妙的情绪。在皮村，他与其他致力于建设工人文化的社会工作者一起同住，日复一日地分拣捐来的旧衣物，将精选的衣物售卖，其他较差的则可能流向灾区或作为垃圾处理。陈年喜以细腻的笔触描绘着这平凡而朴素的生活，既有对风土人情的真挚记录，也流露出对个人身份和命运的深刻思索与困惑（艾江涛，2022；卫诗婕，2020）。

陈年喜诗歌和散文中的北京皮村反映了当代中国社会的巨变与城乡差异，也见证了一位矿工的生活逆袭与文化探索。这是他对人间荒野的书写，对生命温暖的探寻。城市在他的作品中成为一个复杂的空间符号，既是梦想和希望的所在，又是疏离和困惑的源头。陈年喜以双重视角描绘城市：一方面，他渴望城市带来文化和自由，摆脱贫困与苦难；另一方面，他感到自己在城市中是一个局外人，无法融入城市的节奏和氛围，也无法忘却过去和根源（上官云，2022）。

在这个陌生的城市，陈年喜寻找着父亲的影子和自己的位置。他感受到了父亲的爱和遗憾，与父亲告别，但也将与父亲同行终生。在这座城市中，他找到了归属，却也在漂泊中发现了无常。他将城市想象成光鲜亮丽的地方，充满吸引力和活力，与他在山里和矿井的生活形成鲜明对比。然而，他对自己在城市中的生活感到困惑和迷茫，逐渐转为一种深沉而无解的心灵刺痛。

他不知道自己在城市生活的目的，也不知道自己在城市究竟应该如何选择和行动。这是一个迷失于城市迷雾中的故事，既有对未知的探索，也是内心深处挣扎的真实写照。《一地霜白》勾勒出了陈年喜在城市中的心路历程，透过他的视角，我们看到了一个平凡而又坚韧的灵魂，穿梭在现实与梦想之间，留下了一地霜白的印记。

8.4.2 陈年喜与安琪的复调交响曲

陈年喜的诗歌是一座沉稳的山峦，挺立于自我和自然、社会和历史的复杂关系中，他的文字是故乡土地的呼唤，是时代的共鸣，是心灵深处的追溯。他的诗歌中充溢着对地域的真挚描绘，犹如矿工镐击岩石，勾勒出陕西这片土地和他工作过的各地矿山的轮廓。这不仅是一幅地理图，更是他的生活经验和文化认同的写照，反映了对传统与现代化冲突的思辨。他的诗歌像矿井深处的灯火，闪烁着对现代生活的反思，对传统文化的眷恋，以及对时代矛盾的感知。

在地理诗学的广袤领域中，另一位诗人安琪是翩翩起舞的飞鸟，她的诗歌注重女性的身体、情感和主体性。与陈年喜的具象描绘不同，她以抽象和隐喻为笔，创造了一片诗性的空间，形成内心世界的投影和对现实的审视。她诗歌中的空间是流动的、模糊的、开放的，没有固定的地理坐标，而是根据情感和想象变幻。

陈年喜和安琪的作品呈现出截然不同的空间特征和诗学风格。陈年喜的诗歌犹如坚实的山脉，扎根于具体的地域，传递着他的生活经验和文化认同，是对现代化冲突和矛盾的坚定回响。安琪的诗歌则是如梦如幻的飘逸之鸟，关注抽象空间的创造和想象，反映了她个人的情感和主体性，挑战和超越现实在她的诗歌中层出不穷。

两位诗人各自敏锐而关切地捕捉着空间的弦外之音，将地理诗学的方法融入创作中，深探自我心灵的矿藏。陈年喜用地理诗学揭示了他与土地、生活和文化的交融，而安琪则通过这一理论打破了空间的边界，创造了一处异质、多元和动态的空间。这是一场雄壮而悲怆的文学挖掘，两位诗人在无尽的地层中寻找自我存在的碎片，用力而深刻。这是地理诗学的双重探索，是两位诗人心灵深处的共振。

在对空间的探索中，陈年喜和安琪的笔触交织出截然不同的城市图景。矛盾而庞杂的城市在两位诗人的诗歌中呈现出截然不同的空间维度，仿佛是同一座城市在不同层面上的对白。陈年喜以底层的视角，将都市描绘成一幅压抑而狭窄的图景。在他的诗歌中，空间是一处限制、压迫、暴力和异化的土地，承载的是城市化进程中的底层生活和生命。陈年喜笔下的空间是一个被高楼大厦压迫的空间，反映了城市化的代价，以及无数底层人民生活在其中的艰辛和挣扎。他的诗歌语言是激烈而炸裂的，充斥着城市的压迫感。这不仅是对现实的不满，更是一种激情的反抗，是他在城市裂缝中挣扎时，寻找尊严和自由的呐喊。

安琪的诗歌以女性的视角，将都市视为一个开放、广阔和自由的空间。她的诗歌充满优美、灵动和多感官的语言，像在城市的角落中寻找自由的舞者。她的空间是一片释放和滋养诗人灵魂的土地，是让想象和创造自由驰骋的领域。她的诗歌以抽象的意象和隐喻，展现了空间中的主观心理感受和审美追求，具有超越现实的技巧和诗意的气质。这是一场在城市风光中徜徉的文学之旅，她在自由的领域中找到了心灵栖息地。两位诗人对于都市的解读犹如镜子的两面，呈现出鲜明的对比。城市的一体两面，在两位诗人的笔下，形成了一首复调的城市交响曲。

参考文献

艾江涛，2022. 陈年喜，在矿山与诗歌中漂泊[J]. 三联生活周刊（50）：32-41.

陈年喜，2019a. 村居现状忧思录[M]//陈年喜. 一地霜白. 济南：山东文艺出版社.

陈年喜，2019b. 炸裂志[M]. 西安：太白文艺出版社.

陈年喜，2021. 北京的秋天[J]. 满族文学（5）：76-79.

陈年喜，2022. 陈年喜的诗[M]. 南京：江苏凤凰文艺出版社.

李楚悦，2020. 矿工诗人陈年喜：爆破和写诗，是同一回事[EB/OL].（2020-08-06）[2024-04-24].
　　https://www.jfdaily.com/news/detail?id=277061.

上官云，2022."矿工诗人"陈年喜：炸裂后的一地霜白[EB/OL].（2022-03-22）[2024-04-26].
　　https://www.chinanews.com.cn/cul/2022/03-22/9708641.shtml.

卫诗婕，2020. 爆破无声：一个矿工诗人的下半场[EB/OL].（2020-05-11）[2024-04-26].
　　https://mp.weixin.qq.com/s/EL07gzvab_ey1oRdkdeJUA.

第9章　人文地理学者叶超的时空诗歌

9.1 地理与诗学的天然缝合

9.1.1 学者和诗人

叶超身兼地理学者和诗人的双重身份，穿梭在家庭与社会、城市与乡村、国内与国外、现实与想象的各种空间和地方之间[①]。他以敏锐的社会和政治意识，聚焦于空间和地方的性别化、压迫、正义和治理。地理诗学对他而言是一场关于文学与空间相互关系的探索，是语言和空间的艺术交融。文学中的空间不仅是客观的地理环境，更是主观的心灵景观，文学与空间之间存在着多层次的互动和对话（詹福瑞，2019）。

在他的代表作《时空之间》中，随笔、诗歌和散文交织成一幅丰富多彩的图景。这部作品不仅涵盖了地理思想、地理人物、地理哲学和地理诗歌等内容，更展现了他对时空问题的深刻理解和独特见解。这是一场关于时空交错的思考之旅，呈现了地理学者对人类历史和空间变迁的独立见解。他的诗集《我们》像是一场充满哲思、情感和创意的音乐会，分为我、你、它（他、她）、我们四辑，包含诗人对自我、他人、世界和人类的多维度视角和感悟。诗人用充满诗意和理性的语言，将现实凝练为文字，将情感倾注于篇章中，呈现出对生命的热情和对生活的深思。诗歌风格独特，思考深刻，

[①] 叶超，教育部青年长江学者，上海市曙光学者，复旦大学国际关系与公共事务学院教授、博士生导师，国家社会科学基金重大项目首席专家，担任《中国大百科全书·地理学·地理学史》主编和 *Environment, Development and Sustainability* 副主编。叶超长期从事城镇化与城乡治理、文化地理、可持续科学和地理思想相关的教学研究工作，在 Science Bulletin、Habitat International、Journal of Rural Studies、Land Use Policy、《地理学报》、《读书》等国内外核心刊物发表论文百篇，论著入选国家"三个一百"原创出版工程，获得上海市第十三届哲学社会科学优秀成果二等奖、上海市决策咨询研究成果二等奖、第十三届全国青年地理科技奖等奖项。

诗人通过意象和表达，勾勒出生命的张力和热力。

这些创作实践并非仅仅来自冥思苦想或书本知识，而是源自诗人的生命经验，并在其中融入了真挚的情感。这种情感不只是个人主观的，更与社会、历史、文化和自然等关系密切。诗人通过比喻、象征和隐喻等手法，创造出新颖的意象和表达，给读者带来美的享受和启发。这是一场对生命和社会的双重观照，反映了诗人的深邃情感和对人类存在的深刻思考。

9.1.2 时空诗歌的哲学母题

叶超的时空诗歌深刻而富有哲思，蕴含着对人类存在和时空本质的深切关怀。

（1）叶超对时空与人类关系的探讨是一场思维的演绎，描绘着我们在时间和空间中的行走、思考、体验与创造。时空既是框定着我们的牢笼，也是被我们改变的画布。他通过星辰、夜幕和烈日等意象，细腻地诉说了时间与空间的内在意义，以及人类在无尽维度中的游走和感悟。他不仅剖析了时间与空间的本质、关系、形式和功能，还深入探讨了人类与时空互动的方式，如历史与世界、写作与生活、归宿与流动等。在《所有》中，他以独特的语言揭示："我早已穿越了多重时空，而今在这儿我只想寻求那一个问题的答案，却发现那一个折叠就是所有，而所有被打开不过是，此时，此地。"其中蕴含着对时空的理性分析和诗意想象、个人体验和人类共情、现实关注与未来展望。

（2）叶超将人文精神与地理学紧密相连，以人文主义地理学为理论基础，强调了人类经验和意义在理解人们与地方、景观、自然和建筑的关系中的关键性。他融合了现象学、诠释学和存在主义等哲学传统，试图从生命世界的角度揭示地理现象的深层内涵和价值。通过树木、山岳、房屋和鸟鸣等意象，他深情地描绘了地理的现象和内涵，书写了对地理学的思辨和探索。他运用多种地理要素的空间表征手法，如地图、风景、符号、隐喻和对比等，精妙地构建了不同的空间场景和空间意象。这些空间表征既有客观描述，又融入主观评价；既有具体细节，又有概念轮廓；既呈现出真实的场景，又饱含着想象的奇迹。在《路》中，他深沉地写下"路告诉我／我在地的尽头／我低下头／只看到自己的影子"。这是一幅抽象与具象相融的画面，勾勒出生命在地理空间中的终结与自我之影。

（3）叶超的诗歌被视为一种空间实践的艺术，是对生命、时空和归宿的深刻思考与表达。他将诗歌视为对生命的承诺，对参与时空的奇妙探索的表达，以及对归宿的追寻与回归。他运用意象，如溪水、河流、荆棘路、藤蔓、花朵、酒等，细致地描绘了生命的流动和变迁，以及对生命的承诺和参与的态度。在《落叶集（2）》中，他深情地叙述着"生命溪水之意义不在于无情地冲刷岩石的记忆／而在于无声的流淌"。这不仅是一种空间美学，更是对生命流动之美的崇敬。叶超的空间美学审美观关注着空间的形式和功能，以及空间与人的关系，包括空间的生产和管制、认同和归属、创造和改造等。这一审美观既有理论的探讨，也有实践的示范，承载着批判的态度和赞美的情感，传承了传统，又注入了创新的力量。

《时空之间》汇聚了理论的思辨、生活的细节、诗歌的美感和地理的视野，展示了作者对时空不同视角和层次的理解与表达。该书分为四个部分：时间与空间、历史与世界、写作与生活、归宿，呈现了作者对时空的多维度理解。在这多样化的文学空间中，叶超利用随笔、诗歌和散文等多种文体形式，创造了一种丰富而多维的文学氛围。

9.2 散文代表作品《时空之间》

9.2.1《时空之间》的时空之问

《时空之间》包含了地理思想与人物的短章、充满哲思的诗语，以及关于时间与空间、历史与世界、写作与生活的散文。这三种创作形式展现了叶超的三种空间视角：学术的、诗意的与生活的。[①] 在这三种视角中，叶超既是观察者，也是参与者；不仅是理性的分析者，还是感性的表达者，更是客观的描述者和主观的创造者。他的时空诗歌既有理论的深度，也富有文学的魅力；既拓展了地理的广度，又深耕历史的厚度；不仅关注现实社会问题，更实现了想象的飞跃。

[①] 如果从诗歌创作的角度来看，《时空之间》仍有可以改进的地方。①部分诗歌的语言过于抽象晦涩，不易引起读者的共鸣和理解。例如，他在《空间（1）》中写道："空间是一种存在，也是一种缺席／空间是一种表达，也是一种沉默／空间是一种创造，也是一种毁灭／空间是一种自由，也是一种囚禁。"这些语句虽然具有哲理性，但缺乏具体的形象和细节，让人感觉难以理解。②部分诗歌的结构和逻辑不够紧凑清晰，显得松散跳跃。③部分诗歌的风格和主题过于单一重复，缺乏多样性和创新性。例如，他在《时空之间》中多次使用了星辰、夜幕、烈日、蜡烛和鸟鸣等意象，表达了对大地景观和现象的观察与欣赏，以及对大地上各种变化和奇迹的惊讶与赞叹。这些意象虽然美丽而富有诗意，但也显得有些陈旧和乏味，没有给读者带来新的视角和感受。

《时空之间》这一标题蕴含着作者对时空概念的深切关注和不懈探索。时空既是人类生活和地理学发展的关键议题，也是文学创作中不可或缺的要素和维度。作者在序中提出一系列问题：时间与空间究竟是何物？人类如何在其中栖息，与之互动？这不仅是人生的根本问题，也是地理学发展中至关紧要的两个课题。这些问题引导着读者深入作者的时空世界，感悟其深刻的思考和创造。

贯穿《时空之间》的主题脉络是时空与人的密切关系，叶超在作品中表达了对时空的独特认知和深沉感受，以及深刻思考人类在时空中的存在和意义。时空框定了人类，而人类也在不断改变着时空。人类的生活与自然的律动交相辉映，抽象的思想与具体的行动相互交织。通过自身的地理学研究和文学创作，作者试图揭示时空的本质和规律，以及人类与时空之间复杂的互动与对话。作品也反映了作者对人生态度和价值取向的独特理解，不仅尊重时空的客观性和多样性，还追求时空的主观性和统一性；既关注时空的现实性和问题性，又探求时空的超越性和归宿性。作者呈现了一种对时空的热爱和敬畏，对人类的关怀和责任，对生活的感悟和欣赏，以及对真理的追求和创造。

《时空之间》不仅是一本随笔集，更是作者对时空进行审视和诗意表达的成果，融合了理论的深度与生活的细节、诗歌的美感与地理的视野，形成了独特而多元的文学氛围。该书通过对时空的探索和描绘，引导读者思考人生的奥妙，感受人类与时空的默契共生（黄旭，2021）。可以分为三个层次：

（1）叶超以地理学者的身份，展示了一系列地理思想和人物，如人文地理学、地理诗学、地理批评、虚构地理、马克思主义地理学，以及大卫·哈维、段义孚等。他运用地理学的方法和工具，深度分析了文学在空间中的存在，以及空间在文本中的巧妙呈现，并探讨了文学与空间的相互作用和影响，呈现了地理学与文学之间跨学科的对话和融合。他在严密的地理批评理论中蕴藏着敏感的文化关怀，在全球视野中体现本土关怀，兼具批判的精神和建设的意义。

（2）叶超以诗歌的形式表达了他对自然、人文和生命等主题的深刻思考和感悟。他通过诗意的语言，塑造了一系列意象和隐喻，勾勒出开放的空间和富有诗意的场景。在这些诗歌中，哲学深度与美学高度相互交融，地理广度和历史厚度交相辉映，现实关注和想象飞跃相得益彰。这是一种诗歌与空间相互渗透和互动的表达方式。

（3）叶超以散文的形式记录了自己生活和写作的经历与感受。他用散文的语言，生动描述了一些具体的场景和细节，展现了真实而丰富的空间与生活的交融。这些散文作品既有深度思考，又有令人陶醉的文学魅力。《时空之间》如一幅充分展示空间诗学的图景，展现了叶超作为地理学者、诗人和散文家的多重身份与多元视角。这是他对时间、空间、地理、历史和文化等主题深刻思考和独特感悟的真实写照。

9.2.2 《时空之间》的文化

《时空之间》聚焦于空间与时间的密切互动，将二者视作不可分割的、纵横交错的要素。在地理诗学视角下，空间和时间的关系具有如下特点：

（1）地理诗学探讨地方的时间性，每一处地方都承载着独特的时间属性。地方不仅是某一刻的坐标，更是历史、记忆和过去体验的承载者。解读空间时，必须考虑其时间层面，理解其在历史和记忆中的定位。地理叙事需重视时间结构，通过对时间的安排和叙述，创作者能够引导读者对空间的感知。时间的线性或非线性结构直接影响人们对地方的理解和情感体验。这也涉及到地方的记忆与遗忘：地方与时间紧密相连，蕴含着丰富的历史和回忆。通过叙述地方的记忆和遗忘，地理诗学揭示了时间对地方身份和意义的深远塑造。

（2）地理诗学强调旅行对时间体验的塑造。地理诗学通过描绘旅行的过程，展示空间的延展和时间的逝去。旅行时空的融合能够使人更深入地理解地方和时间。例如，在地理景观中，季节性扮演了时间表征的重要角色。通过描述地理景观在不同季节的变化，诗人传达了时间对地方氛围和景观的深远影响。季节性变迁成为地理时间的重要维度。在城市环境中，时间往往被感知为压缩状态。地理诗学关注城市中时间的流逝和空间的紧凑性，揭示了城市瞬息万变的景观和氛围。地理诗学还注重个体对特定地方的感知与想象，探索如何通过文字表达对特定地方的感悟。

（3）地理诗学注重文化时间性，即文化对地方时间的建构和解读。文学作品通过描绘文化事件、传统庆典或社会变革，将时间融入地方的文化表达，强调地方与文化时间的紧密关系，展示了地方文化的时间性。这一概念包括文化对地方的时间建构和对地方的时间解读。在地理空间的文化时间性中，首要考虑的是文化事件与地方记忆的交融。这种记述方式使地方充满历史的层次感，凸显文化与地方的不可分割。口述历史和地方故事成为表达文化时间性的载体，通过个体和社区的口述，诗歌可以成为传达地方历史、传统和文化的工具，赋予地方独特的文化时空性。

（4）文学作品通过对文化符号和地方象征的描绘，将地方与文化的时间融为一体。文学作品的力量在于将地方通过特定建筑、传统艺术、宗教仪式等文化符号联系起来，展现其深厚底蕴，传达时间的层次感。地理符号和象征的运用在文学中受到地理诗学的审视，从而检视作品中地理元素是否被用作象征，传达更深层的意义。另一方面，地理空间的文化时间性还涉及社会变革对地方身份的塑造。社会变革、政治运动或经济变化在文学作品中被用来揭示地方身份的演变。通过叙述这些变革，诗人呈现了地方在不同历史时期的文化脉络及身份认同的多样性。此外，传统与现代的交融也成为表达文化时间性的关键元素。作品可能展现传统文化在现代社会中的延续，或者表达传统与现代之间的张力，反映地方在时间中的文化适应和变迁。

总之，《时空之间》通过地理诗学的视角，以平实而充满诗意的方式，深刻探讨了文化对空间、时间的影响与塑造，使读者在文字间感受到时空的绵延与深度。

9.2.3 《时空之间》的具身体验

地理诗学强调身体与地理空间的交互，将个体的身体经验与地方联系紧密。这个交互的过程，是一场感知与感觉的盛宴，个体通过身体感官的细腻触觉，如视觉、听觉、触觉、嗅觉和味觉，深刻感知并体验周围的地理空间。每种感觉都折射出地方魅力，细腻而深刻。

身体的运动和行为是交互的关键要素。通过步履间的起伏、奔跑时的风景流动，个体在地方中以一种独特的方式移动与互动。这些运动和行为，不仅是与地方的亲密问候，更是与地方的物理特征及环境相互交融的行为。每一个动作都是对地方的一次感悟。同时，情感与记忆相互交织，身体在特定地方经历的情感体验如一曲悠扬而深情的旋律，这些音符定格在记忆的谱表上，成为个体对于地方的深刻回忆。身体的情感地图是一张心灵图谱，由身体在地方中的感觉和情感绘制而成。这张图谱影响了个体对于地方的态度及对环境的选择，其中每个节点都是个体充满情感的一段旅程。

身体对地理空间的适应性，成就了个体在不同环境中的灵活生存。这种适应性穿越气候的变迁、地形的曲折，顺应海拔的差异，使得身体在广袤世界中找到了自己的舒适范围和感知范围。这是一种与自然共舞的姿态，个体利用身体对于环境的敏感，建构起一种独特的地方认同感。身体与地方认同的建构，并非单一维度的体验，而是物理环境、文化、社会和心理因素相互交织的过程。个体通过身体在地方中获得感受，不仅会受到自然元素的触动，更会深深沉浸在文化涵养和社会脉络之中。身体成为一座桥梁，连接着个体意识与环境，让地方不再只是地理坐标，更是心灵的归属。

在自然环境中，河流、山脉和树木等自然元素成为身体感知生命力和自然力量的源泉。身体在自然的舞台上，不仅是一个观众，更是一位表演者。通过身体的动作和姿态，个体表达着对于地方的独特态度和情感。这种表演是一场对自然的致敬，也是对地方的深深眷恋。身体表演是对地方的一种主观性表达方式，使得情感和经验在广袤天地中流淌。身体与地理空间在交互中相互融合，共同谱写出一曲韵律悠扬的生命之歌。这不仅含有感官享受，更是一场情感、认知和文化的交融。地理诗学通过生动的描写，用文字为读者创造了可以感受和体验的地理场景。这个创造的过程包含了对地方的深刻思考，也包含了对生活丰富层次的体验。在地理诗学的世界中，身体与地理空间的交互超越了单纯的生理感觉，更是一场情感、认知和文化的盛宴，深深地影响了个体对于地方的感知和理解，让我们在交织的关系中，找到一份属于自己的地方之美。

9.2.4 《时空之间》的人地情感

人与大地的情感交织成一幅情感深沉的图景，地理诗学在《时空之间》中细腻勾勒了这丰富而多面的关系。

（1）人与大地的亲切和归属。大地是承载着个体乡愁和归属感的厚重土壤。故乡的记忆、自然景观的呼唤，唤起了对特定地方的深沉情感，并产生了情感纽带，让人在大地的怀抱中寻找身份认同和安全感。作者以家乡、土地、田野、麦穗和土豆等意象为笔，传递对出生和成长之地的深切情感，以及对大地慷慨馈赠的感激之情。例如，叶超在《空间（5）》中写下"那是我的家乡，黄土与黄沙堆垒出的穷乡僻壤／然而大自然的馈赠毫无保留／麦草与田野，窗边的月亮金黄灿烂／就像装满烤熟的土豆的圆盘／这是地方永恒的芬芳，触手可得"。

（2）人与大地的冲突和超越。情感关系展现了对环境问题的担忧，人类与大地的纽带成为对资源匮乏、气候变化等环境难题的回应，唤起对可持续性和环保的深刻关切。作者以荆棘路、原初世界、黑色苍穹和时间隧道等意象为墨,展现了人类在大地上所面临的厄运与挑战,以及在时空中寻求真理和意义的不懈努力。在《大卫·哈维印象》中,他写下"他沿着荆棘路／劈开了原初的世界／那原初的世界本是生养他的／在他身后,世界慢慢地又合拢了"。

(3) 人与大地的奇遇和惊喜。情感关系显现为对自然审美的追求。大地上的山川河流、植被和动物等要素通过诗歌和艺术的表达,激发了诗人对美的追求和欣赏。作者以星辰、夜幕、烈日、蜡烛和鸟鸣等意象勾勒,传达对大地景观和奇迹的仔细观察与惊叹。在《所有》中,他写下"我仿佛看见／在同一世界的另一方向／众人顶着烈日／而此地,星辰涌向夜幕"。

总体而言,人与大地的情感关系是复杂而多层次的,这种情感联系通过文学和诗歌得以深刻表达,使人们更深刻地理解和感受与自然环境的共生关系。在这平实流畅的叙述中,人类与大地之间的情感交织就像山川河流般复杂而绵长。

9.3 诗歌代表作品《我们》

叶超的诗集《我们》是一部充满哲思的作品,收录了诗人在不同地域、不同时期的创作,展现了诗人对世界的深刻体悟和对生活的热爱[①]。这部诗集像一面镜子,映照着丰富多彩的人生的方方面面,如爱情、友情、家庭、教育、科技、文化、艺术、环境、社会和政治等。在镜子的映照下,诗人以独特的视角和个人立场,对这些主题进行了深刻而独到的阐述与评论。

这部诗集不仅具有对现实的审视和反思,更饱含对理想的向往和期许;既有对往昔的回溯和怀念,也有对未来的憧憬和探索。诗中蕴藏了对自我的认知与表达,对他人的理解与尊重,以及对整个世界的感受与描绘。这是对人类命运的真挚关切,对和谐共处、共同进步、共享美好的愿景的表达。诗歌展现出多种多样的形态,包括自由诗、定型诗和诗歌散文等,每首诗都呈现出独特的风采。诗人灵活运用诗歌的语言、节奏和韵律等要素,创造出形式美,使每首诗都成为一曲独特的旋律,既和谐流畅,又充满韵律感。诗人

---

① 《我们》是一部具有地理诗学特色的诗歌作品,是对空间和地方的地理诗学的创作实践,展现了诗人的地理视野和地理智慧,也展现了其生命热情和生活深思。"我们"一词有集体、共同和亲密等多重含义,叶超在诗集中以我们为主题,探索了我们与自我、他人、社会、自然、历史、未来等的关系,以及我们在不同空间和地方的存在和变化。

的文字简洁而明快，富有内涵与张力；意象的构建生动而鲜明，充满创意与想象。诗人通过精心构建的意象，表达了真挚而感人的情感与哲理。

诗集中穿插着丰富的地理要素，如山、水、城市、乡村、公路、桥梁、火车和飞机等，这些要素构建了诗歌独特的意象和情感，反映了诗人的地理经验和地理想象。这部诗集体现了诗人对时空敏锐的感知和思考，诗人通过诗歌记录、回忆、想象和超越时空，探索时空的本质和意义，表现时空的张力和热力。更为深刻的是，诗人将诗歌视为与地理互为创造性活动的同构关系，而非简单的地理再现载体，体现了对地理诗学的独特见解。

9.3.1 《我们》的"我"

叶超在诗集中灵活运用多种构思框架和表达技巧，深刻地描绘了自我的认识与反思，以及自我与空间、地方纷繁交织的关系。自我在他的笔下不再是一成不变的实体，而是一个动态的、多元的、复杂的存在，远非静态、单一、简单、无限、无价值的概念所能涵盖。他指出，自我构建于多种因素、关系、经历、情感和理想等，成为一种社会空间的折射。社会空间中的第一人称"我"不再仅是个体的陈述，更可以被解读为对社会结构中的位置的探讨。地理诗学的观点为解读诗歌中的自我提供了独特的视角，凸显了空间、地方和环境等地理概念与个体情感、身份认同之间的微妙关系。

地方感和身份认同成为叶超作品中的重要元素。通过对特定地点的描写和情感表达，自我在诗歌中建构着深刻的地方感和身份认同。故乡、家乡等地理位置的描绘，使个体与地方的互动更为生动。地理诗学视角下的诗歌地点成为具体而鲜活的存在，地方感和身份认同在诗歌的表达中更为细腻而深刻。

空间与情感在叶超的诗歌中交融。诗集注重情感与地理空间的互动，而自我通过对空间的感知和体验来表达情感。他巧妙地运用生动的语言，描绘了个体在某个地方的情感，将空间变为情感表达的舞台。情感的传达使空间不再只是一个抽象的背景，而成为一个承载着个体心灵情感起伏的场所。

身份认同的地理维度得以丰富。第一人称"我"不再是简单的陈述，而是对个体在特定地理环境中身份认同建构的深入探讨。身份认同包含对故土、家乡或其他地方的认同，使之成为地理空间中的一个重要元素。第一人称"我"强调了个体在地理空间中的主观体验，通过对环境的感知、对自身位置的理解以及对空间中其他元素的关注，呈现出对空间独特主观体验的描绘。

地理符号的运用在该诗集成为一种独特的艺术手法，用以诠释诗歌中的自我。诗人可能选择特定的地理元素，如山、水和城市等，巧妙地铺陈在文字之间，以象征个体的情感、思考和内在体验。地理符号不仅是客观存在的事物，更是自我与外部环境相互作用的神奇载体。第一人称"我"成为赋予特定地方象征性意义的魔杖，通过对地方的个体化描写，诗歌中的"我"可能为那片土地赋予更为深刻的文化、历史或情感内涵，使其在诗意的空间中超越物理的空间的局限，具有更广泛的象征性意义。

诗集深刻关注着个体与社会环境之间的微妙互动。自我在诗歌中透过文字的窗户，凝视社会空间、城市景观，以及其他社会环境，以表达对社会的认知和对社会身份的思考。透过自我感知社会的脉络，文字在空间中演奏出旋律。地理诗学的理念将个体与自然环境的互动深刻体现。通过第一人称"我"，诗人得以表达个体与自然环境的关系，描绘对自然景观和地理特征的感悟，以及对自然力量的回应。这使得诗歌中的自然不再是冰冷的客体，而是成为个体情感表达的一部分，交织在自我的心灵图景之中。

时光的织影，地方的翩跹，构成了自我与时间、地方的交融之舞。诗歌中的自我就像时间的旋律，游走于过去、现在和未来的不同刻度之间。时间的脉络与特定地点的情感纽带相互交融，使自我在地理诗学的语境中呈现出更为复杂而丰富的层次。这交织的时空维度，勾勒出一个富有变化的自我图谱，浸润在时间的涓涓细流之中。

9.3.2《我们》的"你"

第二人称"你"展现出一种空间的亲密性，宛如一次与读者的私密约定。这种亲密性不仅有语言上的联系，更是情感的纽带，将我们引领至某个特定地点的深处。通过"你"，诗人牵引着我们漫步在特定的空间，分享着那个地方独有的情感和意义。这种情感连接使得诗歌成为一场亲切而私人的对话，让两颗心灵在文字间相遇。"你"变成了诗歌场景的一部分，使得读者更深切地沉浸于诗歌所描绘的空间，并直观而真切地感知和体验这个空间，感受其氛围、气息与情感。这种身临其境的体验像一场心灵的冒险，通过"你"的引领，我们在文字之间行走，身体与空间的交融在感知中逐渐发酵。这种身体化的空间体验，与地理诗学关注感性和情感的理念相得益彰。在这场诗意的演绎中，读者不再是旁观者，而是沐浴在空间之中的共鸣者，一同感知着空间的细腻之美。

"你"也许是个体、读者，抑或是诗歌中的对象。这种使用第二人称的写作方式使得诗人能够与我们共享特定地点所激发的情感，并在情感参与之上加深了地理空间与个体情感之间深刻联系的传达。在空间的编织中，第二人称强调了个体与特定地点之间情感的紧密关系。经由第二人称，诗人或许将我们或者某个特定对象与某个地方深度联结，使得空间不再是抽象的背景，而是一个与我们有着深厚情感关系的地方。

在诗歌中使用第二人称"你"，常常引发对地方感和身份认同的深度探讨。这种对话形式使诗人能够通过与读者或特定对象交流，表达对某个地方的独特理解和情感认同。这样的互动使地理诗学的关注点延伸至个体与地方之间的对话，掀开了情感认同的新篇章。

当"你"身处地方之中，不仅在与地方之中的物理环境互动，更在与地方之中的个体相遇、纠缠。在诗歌中，"你"的运用成为表达个体在特定空间中相互作用和共生关系的媒介。通过"你"呈现对话关系，描绘出个体在特定空间的相互影响和共存状态。这与地理诗学强调社会空间和人际关系的理念相呼应。"你"在诗歌中的使用不仅传递了空间中情感共生的概念，更将诗歌场域打造成情感共鸣的舞台，个体与空间之间的联系呈现出一种相互滋养的状态。

通过地理诗学的理论镜头，我们得以更深入地理解第二人称"你"所传递的空间情感与身份认同，以及与特定地点之间的情感联系。这种解读方式让我们意识到诗歌不仅是文学作品，更是地理空间与个体互动的独特表达。使用第二人称"你"可以在诗歌中营造出空间的亲密性，创造情感上的纽带，使得读者更易受到吸引并深深投入诗歌所描绘的地理空间。这种亲密性不仅令诗歌的表达更为丰富，同时也强调了个体与空间之间情感纽带的珍贵与深远。

9.3.3 《我们》的"他"

运用地理诗学理论，我们经由第三人称"他"来剖析个体与地理环境、社会空间之间错综复杂的关系，揭示社会空间中"他"所扮演的角色。社会空间中的"他"并非一个虚拟的存在，而是个体在这个宽阔舞台上的一部分。通过对"他"的描写，诗歌勾勒出个体在社会空间中的独特位置，个体无论身处何处，都是社会结构中不可或缺的组成。通过对"他"生活、行为、思考方式的剖析，诗歌呈现出一个多层次的社会形象，社会空间中的"他"成为个体在这场社会交响曲中的旋律。

地理诗学理论的另一个关注点是地方感与身份认同的纽带。诗歌以"他"传达出个体、群体或社会角色与某个特定地方深刻的情感关系。这并非简单的物理连接，更涉及情感、文化和历史等。身份认同通过对"他"生活、经历的描述得以构建，彰显出"他"对自我身份的理解，也呈现其与地方、社群、文化的紧密关系。在地理空间中，"他"并非静止的存在，而是一种体验和情感的载体。诗人对"他"的描写展示出"他"在特定环境中的感受、思考和情感体验，使得"他"成为地理空间中情感的一部分，不仅有对自然景观的感悟，更可能涉及对社会、文化环境的情感体验。通过"他"的眼睛，我们仿佛亲历了这片空间，感知相同的内心情感的跃动。

地理符号的应用使第三人称"他"成为一种抽象的象征，代表着特定的个体、群体或社会角色。这不仅是空间的描写，更是对文化、社会和情感的深层寻觅。在地理诗学的理念中，第三人称"他"被赋予了地方符号的属性，使得诗歌中的空间不再仅仅是一个冰冷的背景，而是文化、历史、情感的流淌之地。地方符号如琴弦一般，串联起"他"与特定地点之间的深厚联系，为诗歌赋予了更加丰富的层次和意义。

在自然环境中，"他"是个体与大自然互动的载体。通过对"他"在自然环境中的描写，诗歌展现出"他"与自然之间的微妙联系，表达对自然景观的感知、对地理特征的领悟，以及对自然力量的回应。这种联系使得"他"在诗歌中不再是孤立的存在，而是与自然相互融合的一部分。同时，"他"也成为社会关系中的一环，涉及个体与群体及他人之间的交往、相互影响和共生关系。社会关系的描绘使得"他"在诗歌中显得更为复杂，多维的人际关系在诗歌的空间中交织出层层涟漪。

通过对"他"所处的社会环境和文化传统的描绘，诗歌不仅凸显了"他"在特定背景中的身份与价值观，更展现了与社会互动的情感经验。这种细腻的描写符合地理诗学关注个体在社会空间中的定位和互动的理念，使得我们更为深刻地理解个体与地理环境、社会空间之间的纷繁交错。

通过地理诗学的视角，诗歌超越了单纯的文学表达，变成了对地理空间与个体互动的独特呈现。第三人称"他"在诗歌中如同一把钥匙，打开了空间中有关情感和身份认同的某种奇妙之门。这种方式不仅让诗歌更富有诗意，也深化了我们对个体与地理环境之间复杂关系的理解。

9.3.4 《我们》的"它"

在地理诗学的透镜下,第四人称"它"揭示了非人的物体与个体、情感和地理环境之间的复杂纽带。"它"往往被用于描述自然景观、地理元素或抽象概念,宛如大地的音符,融入诗歌的旋律中。这些自然景观在地理诗学的理念中被赋予象征的属性,代表着丰富的文化、历史和情感内涵。山川、河流和星空等自然的要素在"它"的叙述中,超越了物理存在,融合了更深层次的意义。通过对这些自然要素的描绘,诗人表达了对其美丽、壮观或神秘的赞美,将地理要素赋予了一种积极的情感色彩。

"它"可作为情感的承载体,通过诗人对地理元素的感官描绘,激发读者的感官体验,让读者更为深刻地感受到自然环境的美感。在"它"的陪伴下,色彩、声音、气味等感官要素在诗歌中得以绽放,传递出对地理要素丰富感官体验的情感。读者沐浴在诗意中,仿佛身临其境,感受着大自然的馈赠。

"它"还被用来描绘地理特征,如森林、草原和沙漠,渲染神秘迷人的氛围,引导读者进入一个幽深的空间。这种情感表达旨在唤起人们对大自然的敬畏与好奇心,让"它"成为情感的触发器。"它"也用于描述自然力量,如风、雨和火山,传达出对其威力的敬畏,以及对自然循环和生态平衡的慨叹。这种敬畏之情不仅包含对自然力量的畏惧,更有对大自然伟大、神秘之处的敬仰。

"它"也被用来指代地球本身,成为感受大地生命力的表达者。在"它"的描绘中凸显了生命力,使地球不再是一个静态的物体,而是一个充满生命力和变化的存在。这种生命力引发读者同地球建立起一种微妙的情感共鸣。"它"并非冰冷的客观存在,而是一种象征,一种情感的表达媒介。诗歌通过描述人类与自然环境的互动,使得"它"传达着对人与自然的关系的深情,既包括对自然资源的利用,又回应着环境保护的呼吁。地理要素不再是抽象的对象,而是承载着丰富情感和意义的存在。这种情感表达通过"它"传递出对自然环境的敬畏与热爱,成为诗歌中承载情感的符号。

"它"不仅与大地有关,更与季节和气候相连。通过对地理元素的描绘,诗歌展现了诗人对季节变化、气象变化的情感体验。季节性的描绘使诗歌内容更为具体,深化了情感的层次。地理要素在时间中的变迁也是情感的表达方式。通过描写"它"所代表的地理要素的历史及演变过程,诗歌传达出对时间流逝、变化不居的情感。这种变迁使"它"不再是一个静态的存在，而是一个承载着历史和变迁的要素。

总之，通过第四人称"它"，诗歌将地理要素与个体情感交融。在描绘自然景观、地理特征时，诗人注入自己的情感，使得地理要素成为情感的表达媒介。这种交融赋予诗歌更加生动与感性的特质。"它"也被用来描述环境的变迁，如季节交替和日出日落等，使得诗歌在地理要素的变化中映射出个体情感的变迁，创造出一种与自然环境相互交融的情感体验。在这一过程中，地理诗学理论成为解读诗歌中第四人称"它"的有力工具，进而关注个体与地理环境之间的情感联系，并考虑地理元素对个体认同和文化体验的深远影响。这种解读方法使我们更为深刻地理解了地理要素在诗歌中的表达方式，揭示了人类与地球和自然要素之间错综复杂的情感纽带。

9.4 学者-诗人的共同哲思

9.4.1 诗歌的永恒主题：时间、空间与人

在地理诗学的世界中，时空诗歌如一场风暴席卷而来，不可忽视其对思维和感知的深刻影响。时空诗歌通过对时间和空间的感性描绘，赋予了地理诗歌更为丰富的文学内涵，使得时间和空间不再是冰冷的抽象概念，而是充满生命和情感的存在。

时空诗歌以独特的语言表达方式，将时间和空间的变化呈现得更为直观，使抽象的概念在读者心中具象化。季节更替和日月更迭都在诗歌的画布上留下时间的深沉印记。地貌的崎岖和山川河流的蜿蜒都为空间赋予了丰富的图景，使我们感受到大地的脉络和起伏。

在主体与客体的关系上，时空诗歌进行了深度的思考。诗歌将时间和空间置于主观意识的背景下，不仅呈现了人类在自然面前的渺小，更强调了主体与环境之间的密切关系。主体性的诗意表达为地理诗学注入了更为个体化和人文化的元素，让我们在诗歌中找到与自然、时间和空间的微妙情感共振。

时空诗歌对时间的探讨往往以抽象的语言和诗意的比喻呈现，时间不再是简单的线性流逝，而是一种更为复杂、多层次的存在。瞬间与永恒的交错描绘，赋予时间更为丰富的内涵，引发了对时间本质的深刻反思。同时，对空间的思考则在地理环境的精致描绘中得以体现。通过对山川、河流和平原

的细腻描写，使空间不再是简单的坐标，而是具有厚重感和生命力的存在。这为地理哲学提供了更为感性与艺术性的视角，使之更贴近人类的生活体验。

时空诗歌的影响并不局限于文学层面的丰富表达，还在地理哲学领域引发了对时间与空间本质的深刻思考。这种交叉影响让我们对地理、时间和空间的理解更为全面而丰富，在知识层面得到满足的同时，更在情感与思考上引发了更为深刻的共鸣。时空诗歌的语言之美和情感之深，不仅令人陶醉，更在哲学上引发了对时间与空间本源的深刻思索。

9.4.2 多维度的时空之间

叶超、克雷斯维尔与马格兰等学者型诗人的地理诗学呈现出对地理哲学的深刻思考，将空间、地方和环境等地理概念提升至哲学的高度。这些学者通过诗歌和艺术的表达，深入挖掘空间的哲学性质，将其本质、存在方式及对人类经验的影响置于哲学的审视之下。

在他们的地理诗学实践中，空间的哲学性质成为思考关键。其作品不仅是对空间感知和存在方式的艺术呈现，更是对空间如何在时间的推移中变化的深刻哲学思索。这种思考涵盖了空间和时间之间的哲学性关系，凸显出时间如何影响地理空间的变化，以及人类对于这一关系感知和理解的哲学性深度。

身份与地方的哲学性问题也是这些学者型诗人关注的焦点。地理诗学深刻反思个体与地方的纽带，以及其关系如何塑造个体的身份认同。作品以哲学性的探讨揭示了身份与地方之间的深刻联系，引导我们思考地方主义与全球主义间的哲学对话。在反思全球化趋势的同时，地理诗学强调地方的独特性和重要性，使其成为哲学上深刻的反思主题。

环境伦理学在地理诗学中呈现出深刻的哲学思考。通过文学和艺术的表达，地理诗学引发对人类与自然环境的伦理关系的深刻探讨。作品以诗意的方式反思人类对环境的责任及对自然资源的使用方式，将哲学性的思索融入地理的生态学中。这种思考不仅触及生态平衡与可持续性的话题，更牵涉到生态伦理学的探讨，让我们在艺术的表达中感悟与自然共生的伦理关系。

社会空间与权力关系成为地理诗学哲学性审视的另一关键点。作品在诗意中揭示出社会空间中存在的权力结构、阶级差异和权力动态，引发对社会正义和平等的哲学性思考。地理诗学通过文学的艺术性，深入研究社会关系的复杂性，将空间中权力的微妙变动呈现得淋漓尽致。

总体而言，地理诗学的哲学性思考包含了空间、身份、环境、社会关系和权力动态等多个方面。通过创造性的文学和艺术表达，地理诗学为地理学问题注入了深刻的哲学思考，以更为综合和感性的方式让人理解地理空间及其哲学问题。它追溯着那些试图远离"西方文明的高速公路"的人的足迹，寻找着新的思维和生活方式的迹象。这些学者型诗人通过地理诗学为地理哲学注入了新的思考维度。其作品不仅在艺术上展现了空间、地方和环境的美感，更在哲学层面引领我们深刻思考这些地理概念的本质，探讨它们与个体经验和人类文明的关系。这样的思考不仅拓展了我们对地理的认知，更为我们的内心世界注入了一抹诗意的哲学光辉。

9.5 诗人的礼物

9.5.1 栖居与旅行

诗人的家在哪里？栖居，是对即将出现的生命的服从。家是一个积极的参与者，为了照料新生的婴孩，在源头附近等待。在栖居的世界里，低声细语长成有力的言语，小小的种子繁衍成丰硕的收获。哪怕是几乎听不到也看不见，所有还缺乏形式和力量的生命，都在栖居的范围内得到充分滋养。栖居具有时间性，它不断把一条笔直、不受干扰的路径贯通成日常圆融、循环的曲线。所有的趋向都是曲折和弯曲，正是这种曲折和弯曲创造了一个包裹着脆弱的生命的空间摇篮，使得生命在其中安然生长，"那是我的家乡，黄土与黄沙堆垒出的穷乡僻壤／然而大自然的馈赠毫无保留／麦草与田野，窗边的月亮金黄灿烂／就像装满烤熟的土豆的圆盘／这是地方永恒的芬芳，触手可得"（叶超《空间（5）》）。

这种穷乡僻壤的馈赠、触手可及的芬芳，在生活的意识中氤氲。栖居意味着靠近生命出现并最终淹没的地方生活，意味着靠近作为土壤、作为基础的大地。栖居是对时间的认识：在这里，一切都显示出自己已经出现，并最终要沉没；在这里，离不开一种相应的历史意识。每一个景象和经验在这里都被历史的意识触动，并必须留下，"在早已无影的祖师庙／峡河左岸是通镇公路／通镇公路左边是两棵柏树／柏树后面是一排小学校／它藏得那么深／这是／地理与时间的精心安排"（陈年喜《峡河岸上的村庄》）。栖居提供了周期性的时间、季节性的时间、种植与收获的循环、相遇与再相遇的循环、生与死的循环；提供了庄稼、职责、世代相继的时间，永远出现和重现；提供了一个时空，在那里，脆弱的物体和生物可以从不断的、温和的反复抚摸中得到照顾和关怀。

但是从荷马开始，诗人都要启程，"痛苦的必然与逃避的必然，这人类的必然／以及一栋建筑，一只田鼠，一粒麦穗和一片土地的必然／即使我走过、看过、听过也感觉和经历过，许许多多／我仍然只能提问而不能回答"（叶超《荷马和博尔赫斯》）。如果说栖居是生命的诞生，那么旅程是生命的延续，旅行是接受分离，它始于痛苦和斗争。所有的道路都带着产道的印记，带着它的挣扎和痛苦，带着它所承诺的自由。旅行要求我们抛开心中的珍宝，抛开被栖居地的声音和景象所包围的奢侈。旅行使我们离开熟悉的床垫，面对危险的石头，面对恶劣的天气，面对陌生人的背叛，面对未知语言、法律和习俗不同的尴尬。

旅行提供了一个逃避居所的机会，使我们从不言而喻的、习惯的、熟悉的、重复的事物中解脱出来。旅行打破了太阳、月亮和季节的圆圈，将其转化为线性的路径。在这种模式中，终点似乎不再触及起点；起点不再位于中间，而是出现在人的背面。旅行提供了独特且不可重复的渐进事件，提供了发生在陌生民族和地方的奇异时间，让人们见过一次，可能永远不会再会。但这条路也因此出现了纪念碑，出现了纪念品、明信片、快照、诡谲的故事和日记，"一泻春秋／正由佑仁桥下的渭水再写新意／它曾卷走三千王朝的背影／眼下，卷起一河浩荡的工业废水／大河远去，岸上的炊烟依旧／人间的哀荣自有定数／河水拍打两岸，提醒彼此的距离"（陈年喜《往山西过秦东》）。前路通往多彩而集中的冒险世界，单调的滴答作响扭转成分秒必争；前路使对抗成为可能，使探寻者直面出现，直达问题的核心。

从栖居到旅行，意味着从历史到神话的转变。与神话不同，历史是小姑娘，但却不能成为坟冢，"这个被人打扮的小姑娘长大了／长大了，却依然是小姑娘的模样"（叶超《历史（3）》）。"小姑娘"既不被赋予肥力，也不需要劳动和耕作。而路径是历史之母，它凝固了深度，每一次都创造了事件的连续和真实。而世界所有伟大的知识收获，都在这路径的漫游中成长。如果我们要更好地了解自己，就不应该把所有的注意力都引向心灵或者性格，而应当重新发现脚下与路上的奥秘，"一觉醒来，车过安康／我听到了山林中晨鸟的鸣叫／它们中的一些又到了告别的时辰／树冠之上是瓦蓝瓦蓝的天空／天空下是沉默的秦岭／汉江上的薄雾是另一种颠沛／它们包容过多少生死／兴亡与人心"(陈年喜《夜行火车》)。但这并非是指历史仅仅是脚步的结果,只有忠于原点的流浪才会产生历史,才不会与历史绝对地分离。

有了这些,诗人的旅行就能拥有更多。诗人旅行的关键阶段不是出发,而是吟诵。吟诵是为了期待回家,届时诗人必须给出沿途的风景,用生动的诗歌来摄取家人、朋友和邻居的心声,"他沿着荆棘路／劈开了原初的世界／那原初的世界本是生养他的／在他身后,世界慢慢地又合拢了"(叶超《大卫·哈维印象》)。诗人需要寻找有力的隐喻、有效的手势、强烈的形象和令人回味的歌声,从而在故乡和世界的更远端之间架起一座桥梁。诗人变成了冒险家,将故乡的活动置于更广阔的世界范围内,从而增强吟诵的力量。

这必然是一段苦旅。诗人所追求的任何东西都不能仅仅靠一时的热情澎湃来实现,"只有少数夜游者／秉着残缺的蜡烛／在漫漫长夜里／为此时醒来的人们／照亮和驱寒"(叶超《此时(7)》);"生命溪水之意义不在于无情地冲刷岩石的记忆／而在于无声的流淌"(叶超《落叶集(2)》)。诗人的所求不能通过遵循万无一失的程序或无懈可击的方法来产生,也不能通过一种意志行为来召唤。诗人所寻求的真理、启示或存在,来自诗人永远无法触及和控制的源头,但他能期待恩典向自己走来,"多少年来我所做的只是寻找／等到那个人,则无论什么地方"(叶超《寻找地方》)。因而,诗人不能轻易转身。

除非经历过充实与完成,否则苦行的转身就是绝对的断裂,是对过去的失去。而充实的经历使转身成为诗歌、神灵和行者的相互创造,成为真正相互存在的果实。它让诗人有能力从纠结中、虚无中解脱出来,从陷阱和路障中溜走,"我的超越终将是虚无／但我曾经超越过虚无／我的希望如是告诉我"(叶超《写作与生活(8)》)。

9.5.2 返乡与归宿

返乡是让人看得见、摸得着的旅程,诗人多把故乡视为一个港湾,从这里起航去往远端,然后回到这里,带着旅途中的物质和精神成果。没有这样的港湾,就没有旅行,没有旅行就没有人类新的栖息地,"我在这里出发／我在这里归宿／我有一些先辈／我有一些后代／世世代代／界限限界"(叶超《世界(1)》)。在这个世界上,诗人只有真正立足,找到自己的家,才能激起诗歌的冒险精神。只有拥有深爱的家园,唤醒内心对出游和归宿的渴求,才能打动诗人去探索宇宙。返乡构成了伟大的解释和反思任务,要求诗人为他的听众做好准备，回顾旅程，并为混乱的事件带来秩序和相关性。倘若没有这个任务，诗歌的努力就不完整，"也许，人类共同的梦想只是回家／而在家中，却做着各种梦"（叶超《今日，我们如何读义孚》）。归途构成了事件和意义的大汇合，它把过去、现在和未来统一起来；它谈论高度和深度、远处和近处，将整个世界都汇聚在归途。

当然，没有人能回归子宫——诗人只是努力回到最初构思和赋予意义的立场或隐藏的基质中去。"回归母亲"并不是弗洛伊德的俄狄浦斯情结，不是对生母的依恋，不是对继承过去的依恋，而是回归到出发世界的微妙环境中，使故乡变成一个聚会和节庆的地方。在这里，诗人吟诵：过上完全的、人的生活。也许正是出于这个原因，诗歌和其他艺术往往采取一种古老的仪式，重现对英雄从旅归来的欢迎。这种仪式把诗人扮演成归来的英雄，把欣赏、鼓掌的故乡群众扮演成渴望听到故事和歌谣的观众。诗歌作为一座桥梁，使两个不同的、疏离的世界能够进行富有成效的对话。

然而，诗人无法久居。在有限的时空中，诗人的返乡也终将是无家可归，"藤蔓攀援着大树／我无所攀附／只在时间的尽头等你"（叶超《时间（3）》）；"获而一无所获／归而不知归处"（叶超《时间（9）》）。这个世界仍然对无家可归的流浪者和那些永远吟诵的人关闭。返乡的诗人会发现自己面对的是一个神秘的世界，这个世界之所以让人着迷，正因为它永远无法被完全占有或理解。那种奇怪的近在咫尺又远在天边的感受，恰恰呈现出另一个世界的样子，因为它被一道门槛保护着，无法独自接近，"从一座房子到另一座房子／从一棵树到另一棵树／再无我熟悉的事情／我想起三十年前／我们轮番躲猫藏／我躲在一间废弃的厢房内／从早到晚没有人找到我／所有的人选择了放弃寻找／一如今日／长路归乡者／成了故土放弃的人"（陈年喜《峡河岸上的村庄》）。

诗人都看到了一个不能被吞并或占有的新世界，但爱神愿意为他们建立关系，为人与地这对恋人提供无限的灵感与更新的源泉。同样，恋人们也必须借助于爱神的调解，来将自己的世界与爱人的世界相一致，这样他们之间就可以交流，"我会走到一个终点／你却永远不会／无论我在家园与远方，或到处流浪／你只是伸出你有力的臂膀／我停下来，寻找你的踪迹／你说：爱我，但不要执迷不悟"（叶超《空间（10）》）。以这种方式，两个世界开始形成一个整体的宇宙，一个承认极限、接受分离、不否认死亡的现实宇宙。这对恋人将从自然的、无限的整体中出走，接受失落和限制，启动爱的互动,"我们在世界中/世界就是我们自身"(叶超《世界(6)》)。

诗人似乎找到了归宿,但又充满怀疑,"我是个绝不回头的人/而今我到了这里/但我似乎回到了似曾相识的地方/那启示我的神,我的心/我难道走到神妙莫测的时点,抑或宿地"(叶超《归宿》)。这种神秘莫测既为自我又为独立的他者或事物留出位置。这个诗意的空隙在自我与他者、自我与世界之间,插入了一个友善的距离,由此创造了一个包容的栖居新地,使恋人们能够进入对方的存在,并使万物能够真正显现出来,"你知晓了一些事情/但正是你不知晓的东西挽留了你"(叶超《归宿》)。最终,返乡之旅可以理解为寻找诗意的话语,使自我和他人、地方之间建立起一种自我揭示的关系。

正是这种个体与个体、个体与地方的相遇,构成了诗的真正主题,并引导诗人反思那个神秘的相遇时刻;正是在这个转折点上,日常世界的自然或文化对象突破了世俗习惯对它们的限制,开始主张一种庄严的个性;正是在这个时刻,诗人超越自身,指向其他世界,暂停了日常生活中的信念和确信。在这里,单纯的命令和打量的态度让位于一种值得纪念的、深沉的、主体间的交流,诗人开始思考,发现了自我和他人,"没有比车厢更真实的人间/我的对面坐着一对母女/她们说话/沉默/然后入睡/梦中的女儿把手放在母亲脸上/一个爱/一个领受着爱/她们的疲倦与遗忘/正好配得上这长途漫漫的夜晚/成为世界最后的诗篇"(陈年喜《夜行火车》)。外出旅行可以是征服世界的运动,但只有在回家的旅途中,内心世界才能显现,自我与他者才能被容留。

从栖居到旅行再到返乡,就像从圆形到椭圆形的过渡,需要始终保持圆的特征。当椭圆坍塌成一条直线时,这个过渡已经彻底完成,旅程就失去了它原有的节奏,成为空格。这时,旅程就不再具有整体的结构,纯粹的线性变成了一条条空洞事件,且无法将它们捆绑。每个事件拒绝相互回应,它们自说自话,没有开始和结束;每个事件都回到了自己身上,失去了指代前一个和后续事件的特征。诗人牢牢记得:意义从对起源的忠诚中生长出来;事件之间相互对话,从而形成一个整体的力量,都需要依赖于一个起源地,依赖一种联系、一种爱、一种怀疑、一种疏离。倘若拥有了它们,栖居就能将不同的元素编织成一块布,拒绝破裂或突然转变,让离去和归来的人完成夹杂着陌生的亲切相会。好在大地会在那里等待并默默地守望,"长安在后/天水在前/河西走廊在路旁等着人们"(陈年喜《开往乌鲁木齐的火车》)。这种大地的缄默也是在感召,"这安静的寺门里／住着一首诗／每天黄昏临近／会发出铜质的声音／它们落梁为鸽／传远／成为苍云的一部分"(陈年喜《黄楼寺》)。

参考文献

黄旭,2021. 闪耀的《时空之间》[N]. 中华读书报,2021-05-05(11).

詹福瑞,2019. 新文学地理学"新"在哪里:评《文学地理学原理》[N]. 光明日报,2019-03-23(9).

第四辑 终辑

第 10 章 终 章

10.1 中西方地理诗学实践

10.1.1 地理诗歌中的欲望

欲望是一种无限的追求,是个体通过投射向外部对象寻求满足的心理状态。在地理诗歌中,这种欲望往往映照在地理空间上,成为诗人描绘的对象。这个地方被赋予了一种神秘性和吸引力,成为欲望的投射点,一个无法完全拥有的"圣状"。地理诗歌中的"圣状"既是欲望的源泉,又因为无法完全掌握而保持神秘。在中西方地理诗歌中,欲望的表达呈现出文化和哲学上的差异,成为一场跨越时空的文学对话。

文化观念和价值观的差异在欲望的表达中得以体现。西方地理诗歌中,欲望常受到个人主义、自由主义等文化观念的影响,强调个体独立和自由。这在诗歌中可能表现为对自然、城市或某个特定地方的个体情感的投射。而我国地理诗歌中的欲望可能更注重社群和集体,强调家庭、社会和祖国的重要性,表达对社会认同和集体记忆的追求。

自然观念的影响也在欲望的表达中起到关键作用。在西方地理诗歌中,欲望可能受到浪漫主义和启蒙思想的塑造,表现为对自然景观和自由放逐的渴望。而我国的地理诗歌可能更注重对自然的敬畏和融入,欲望表现为与自然和谐相处、追求自然之道的理念,强调人与自然的共生关系。在时间观念方面,西方地理诗歌中的欲望更注重当下和未来,强调个体的追求、创新和改变,未知的欲望表现为对新事物和未来的向往。我国地理诗歌中的欲望更注重过去和传统,表现为对历史、文化和传统的认同,欲望体现为对过去经验的珍视和对传统价值的继承。

中西方地理诗歌中欲望的差异,折射出两种文化体系在个体、社会、自然和时间方面的不同理解和价值观。这些差异呈现出一场富有层次和多彩的文化交融，地理诗歌成为了文学的交汇点，让我们穿梭在交错的时光和空间之中。需要注意的是，这些比较具有概括性，个别诗人和作品可能有更多的差异性和复杂性。

10.1.2 象征和符号的运用

语言和符号系统是象征秩序的重要组成部分，符号表达了欲望的深层含义。在地理诗歌中，诗人通过对地理元素的巧妙符号化，构筑了一种独特的象征系统，让地方不再是冰冷的现实存在，而是成为一种富有深邃文化和心理内涵的表达。这是一场诗歌的舞蹈，在象征的层面展开了丰富而多彩的叙述。地理诗歌的象征层面描绘着地方背后的多重意义。在中西方地理诗歌中，象征和符号在文化和历史上呈现出一些微妙差异，反映了不同文化传统和思维方式的独特之处，涵盖以下几个方面：

首先，自然元素的象征在西方地理诗歌中常常显得深邃而富有哲理。山水和花草树木都被赋予了深刻的象征意义，可能代表着个体的思想境界和内心旅程，或生命的繁荣和衰败。而在我国的地理诗歌中，自然元素的象征则融入了更为深厚的文化内涵，山水与文人的境界追求相联系，花草树木承载着对季节和生命变迁的感悟。

其次，城市景观的象征在两种文化传统中都有着不同的着墨。西方地理诗歌中，城市意象往往用于表达现代生活、社会问题以及个体在城市中的孤独感，成为现代性和社会变革的象征。而在我国地理诗歌中，城市景观则常常承载着文化传承和历史记忆的含义，街道与建筑物连接着古今。

再次，历史文化符号的象征是中西方地理诗歌中的另一个差异点。西方地理诗歌可能使用一些抽象的历史文化符号，如古老建筑、传统符号等，来代表西方文明的传统价值，表达对历史和文化的认同。我国地理诗歌中的历史文化符号则更具体丰富，可能是特定的古老建筑、传统绘画元素或历史典故等，强调对中华文化的深刻认知。

最后，抽象符号的象征在中西方地理诗歌中都有着独特的表达方式。西方地理诗歌使用的抽象符号可能更加普遍，如水、火、土等元素与生命、创造力、稳固性等概念联系。我国的地理诗歌中的抽象符号可能更具文学传统，如水可能代表悠长、宽广的文学意义，火可能表示热情和灵感。总体而言，中西方地理诗歌中的象征和符号呈现出对自然元素、城市景观、历史文化符号、气候和抽象符号的不同解读和强调。这些象征和符号的差异丰富了诗歌的表达，为我们呈现了一场富有层次性和多样性的文学盛宴。

10.1.3 真实与幻觉的辩证

地理诗歌所描绘的地方往往承载着真实的痕迹，是现实与想象的交汇处。诗歌中的地理元素透露着真实世界的气息，赋予了作品一种独特的生命力。这是一种地理的真实性，在每一处文学描绘中都流淌着真实世界的血脉。然而，这种真实并非生硬的现实，而带有一种柔软的诗意。在这片诗歌的土地上，也蕴含一些幻觉的元素。诗人运用语言的魔法，赋予地方更多情感、想象和超越感，使得地理空间不再受限于单纯的现实，而呈现出一种更为丰富的幻觉感受。

中西方地理诗歌中的地理想象就像两种不同的绘画风格，展现出各自文化、历史和思维方式的独特性。

（1）自然景观的想象在西方地理诗歌中可能更强调宏伟和壮丽，如广袤的山脉和深邃的森林。这是一场大自然的交响曲，强调着个体在自然面前的渺小。而在我国的地理诗歌中，自然景观的想象则更注重氛围感和意境的营造。山水画的传统思维将自然景观融入文人雅致的审美情感，追求风景的细腻和清丽。

（2）二者在对城市空间的想象方面呈现出复杂的差异。西方地理诗歌中的城市想象涉及现代性、技术发展等，将城市描绘成充满挑战和机遇的地方，展现出对社会和文明进步的向往。我国地理诗歌中的城市想象则更贴近传统文化和历史，城市往往被赋予文化记忆，以此强调文人情怀和传统文明的沿袭。

（3）历史文化空间的想象在二者之间也表现出不同的侧重点。西方地理诗歌可能更注重对历史文化空间的批判性想象，强调个体对历史的反思和重新诠释，用以挑战传统观念。我国的地理诗歌对历史文化空间的想象更倾向于传统文人思维，强调文学传统和文化积淀，将历史文化空间作为表达文化认同和传统价值的场所。

（4）人文地理的想象是一种更加深刻的描绘。西方地理诗歌可能更关注人文地理，通过对社会和人际关系的描绘，反映个体在地理空间的情感和社会体验。我国的地理诗歌对人文地理的想象更注重文学意境和个体心灵状态，强调对情感和文学情怀的诗意表达。

（5）抽象空间的想象呈现出明显的差异。西方地理诗歌可能更多涉及抽象空间的想象，如梦幻、超验等，用以表达对未知和超越的向往。我国的地理诗歌中抽象空间的想象更多联系传统文学的意象，如仙境、仙山等，往往和诗人的理想与精神境界联系在一起。

总体而言，中西方地理诗歌中的地理想象反映了各自文化传统和思维方式的不同。西方的地理诗歌可能更注重对自然力量和社会文明的挑战与追求，而我国的地理诗歌则更强调文人雅致、传统文化的传承和诗意的表达。

10.1.4 自我认同与地方关系

地方是自我的镜像，个体在镜像阶段形成了对自我形象的认同。地理诗歌中的地方常常扮演着个体的自我镜像，通过与特定地方的纽带，个体在地理空间中找到了身份认同的映照。这种关系的复杂性在地理诗歌中得以深刻表达，地方不仅仅是个体的自我投射，更可能是反映个体欲望挣扎和接纳的场所。中西方地理诗歌中，自我与地方关系的表达方式受到文化、历史和思维方式的深刻影响。以下是中西方地理诗歌中自我与地方关系的一些差异：

（1）自我在地方中的定位。西方地理诗歌可能更倾向于寻找个体独特的身份和存在感，强调个体与地方的交互作用，表达对自由、独立和探索的渴望。而在我国的地理诗歌中，自我与地方的关系可能更强调对传统文化和历史的认同。个体在地方中寻求与文化传统的连接，展现出对家园、血脉的情感依恋。

（2）地方对自我情感的作用。在西方地理诗歌中，地方可能被视为个体情感启示的源泉。自然景观、城市风光等要素唤起个体内在情感的涌动，成为情感表达的媒介。而在我国的地理诗歌中，地方可能更多地被视为文学情怀的滋养源泉，通过对特定地方的描绘，表达对传统文学、历史的深刻感悟。

（3）自我在地方中的投射。西方地理诗歌是一场将内在情感、欲望如梦投射到地方的意象之旅。地方成为个体内心世界的象征，通过对风景的描绘，个体诉说着内心的情感与思考。每一处自然风光都是心灵的一面镜子，在湖泊的倒影中，个体找到了对内在追求的呼应。而在我国的地理诗歌中，自我与地方关系更为紧密。个体通过对地方的描绘，表达对家园、文化传统的身份认同，其作品就像一封深情厚谊的家书，承载着对故土深深的眷恋。

（4）个体与社群关系的表达。西方地理诗歌擅长刻画社会生活背景，地方被塑造成个体在社会中的角色和关系的背景画布，个体强调着自身与社会、群体的交融。然而，我国的地理诗歌更强调个体与家族和社群的关系。地方是深深扎根的家族纽带，反映了亲情和友情的深沉情感。地方也代表了诗歌中流淌的乡愁，勾勒着家园的温暖。

（5）对自然和文明的态度。在西方地理诗歌中，自然和文明的关系呈现出一种复杂的交织状态。自然是追求的目标，文明则是挑战。个体在地方中探寻一种平衡，演绎着自然与文明的交响曲。而在我国的地理诗歌中，个体对自然的态度更强调与自然的融合。地方是人与自然和谐共生的象征，表达对自然的敬畏与尊重，诗歌中吟唱的山川河流，唤起对自然之美的歌颂。

中西方地理诗歌中自我与地方关系的表达方式，反映了不同文化传统对个体与地方联系的独特理解。这些理解差异赋予了地理诗歌多样的表达形式，使其在展示人类情感和文化认同方面呈现出丰富的多样性。

10.2 地理诗学的未来

10.2.1 地理诗学的使命

无论我们置身何处，若能怀着一颗开放的心，便能以无尽的创造之能，拥抱地理诗学的妙境。将地球置于我们经验的心灵中央，培育对这片神奇大地的深刻认知，以丰沛的感官和渊博的知识，缓缓逼近这颗生命之星。以口述的灵动、文字的悠远、视觉的绚烂、音律的悠扬、地理诗学的抒情，以及种种学科与艺术形式的奇妙融合，搭建起一座通向全然感知和创造的桥梁。

让地理诗学成为一种对待世界的方法，一种存在于世界的独特方式，乃至一种构筑世界观的奇妙媒介。追求着超越身心隔绝的奥秘，超越人类与宇宙脉动的分离之谜。向那些勇敢迈出"现代性的高速公路"、追寻新思维与新生活方式的追寻者学习，譬如那些出走者或智力游牧者——亨利·梭罗、南·谢泼德、帕特里克·格迪斯、琼·埃尔德利、亚历山大·冯·洪堡、肯尼斯·怀特等灵魂追寻者。

地理诗学跨越了学科边界，汲取着地理学、建筑学、哲学、社会学和人类学等领域的理论精粹，渴望为诗歌研究绘制出更为广阔而深邃的图谱。地理诗学是一种多元的研究范式，以尊重和包容的姿态，容纳来自不同地域、民族、文化和流派等背景的各种类型和风格的诗歌，勾勒出一幅绚烂多彩的诗歌图景。透过地理诗学，我们织成一张心系地球的网络，共同构建对地球美学的深邃领悟，并将其灌注于各种研究性和创造性的工作领域。地理诗学为个体与社会开启了一扇通向文化的深度更新的可能之门。

在地理诗学的奇境中，诗歌成为一场空间的奏鸣，一座特定地点和场景中的语言花园，我们在其中感知、记忆、想象，用言辞编织出物质、心灵、文化、社会和政治等多层次的空间交响。这是一种追求空间之美的舞蹈，一种以语言为媒介翩翩起舞的艺术，让我们深陷其中，与空间共振共鸣。地理诗学将诗歌视为奇迹的空间塑造者，视为在现实或虚构之中雕琢和颠覆的魔法，用语言的翅膀搏击出新奇而富有意象的空间图景。这些空间的诞生和变幻彰显着时代的精神和问题，它们是诗歌的幻梦，也是时代的心灵魔镜。

地理诗学将诗歌看作与空间的对话，是与其他文本或媒介中的空间共鸣的交流仪式，是对空间的分享与参与。诗歌通过吸纳和改变其他文学或非文学作品中的空间元素和特征，来进行跨越时空的对话，与过去和未来对谈，让诗歌的意义在空间的风景中迸发。在地理诗学的镜头下，诗歌是一场空间的审判，一场对现存和潜在空间的挑战与解剖，对空间中存在的不平等、压迫、冲突和危机的深刻思考。它的笔触深入空间边缘，揭示着那些隐藏在角落的不公，发出鼓动社会变革的声音，成为空间中的反叛者，诗歌的力量在这里燃烧。

10.2.2 地理诗学未来的关键问题

在地理诗学前行的迷雾中，我们将面对一系列复杂纷繁的问题，这些问题将引领我们深入探讨地理空间与诗学之间的神秘亲缘关系，探寻地理环境、社会文化与文学创作之间的悠长交响。以下是未来地理诗学可能迎来的一些关键问题：

（1）数字智能时代的地理诗学。数字智能时代的冉冉曙光投下诗意的光影，未来地理诗学或将面对数字地理信息、虚拟空间等计算机技术的崭新挑战。如何在数码奇境中编织地理的情感、织就空间的体验？数字技术又将如何重新书写地理诗学的篇章？这是一场前所未有的迷局。

（2）生态环境、气候变化与地理诗学。随着气候的变幻莫测，未来地理诗学可能将深刻观照自然环境的颠簸演变对诗歌创作的影响。诗人将借助作品展示气候的变异、环境的蛰伏，呼唤人们共同为地球的和谐保卫战而奋斗。未来地理诗学或将更深入地研究生态系统与文学之间的恢宏共生。生态诗学将以诗歌为笔，勾勒自然环境的生命乐章，为我们的思考注入生态平衡、自然尊崇和环境永续的音律。

（3）全球化与本土性、地理记忆与身份认同。全球化的大旗飘扬，未来地理诗学可能需要在全球范围与本土范围之间寻求巧妙平衡。在全球化的影响下，创作将如何保持本土文化的独特光辉，全球性问题如何在地方性创作中悄然绽放，将成为未来地理诗学探讨的要点。地理诗学可能深挖地理记忆与身份认同之间的情感寄托。如何在诗歌中表达对于地方记忆、历史印记的铭刻？地理记忆如何影响身份认同的雕塑？这是未来的深邃探索。

（4）跨学科合作与方法论创新。地理诗学可能踏入更为广袤的跨学科疆域，与地理学、生态学、文学交相辉映。在方法论的彼岸，未来地理诗学或将寻找新的创作典律、数字化技术的契机，以及地理信息系统等工具在诗歌创作中的新境界。这一系列问题就像未知的星辰，呼唤着诗学家、地理学家、生态学家等的奏鸣，共同谱写未来地理诗学的绚烂乐章。

后　记

　　我离开了诗人的旅途，又来到诗歌的门槛。加斯东·巴什拉说，好的诗人会让读者处于遐想的门槛。"驻足黄叶漫天的季节／我心中仍然碧绿的情结／它荡漾于江水之上／涌动在森林深处"（叶超《我知道》）。诗人希望，由深刻的个人经验所激发出来的话语，带着一种能够回响的声音，远远超越其形式上的文字，抵达个人记忆的极限，甚至超越记忆本身，在不朽的领域里激起一种和弦（The Poetics of Space）。因此，诗人需要坚守内心的声音，尽管外面的世界满是黄叶漫天，但是心中的情结依然碧绿。而这涌动的森林，就像《海边的卡夫卡》中的描述，当人进入自己的内心世界，就进入一片森林，幽远深邃而被守护。

　　诗集中这种与环境的对立反复出现，"有谁读过我的诗歌／有谁听见我的饿／人间是一片雪地／我们是其中的落雀／它的白／使我们黑／它的浩盛／使我们落寞"（陈年喜《有谁读过我的诗歌》）。诗意诞生的瞬间就是对立面之间的关系，且诗人拒绝顺从，以抵抗历史环境的暴虐。诗人用同时性代替了继承性，并迎来倔强的时刻，即炸开世界的连续性，选择在破裂时刻向上或向下移动。诗意诞生的那个瞬间，引导着一条笔直的路线，垂直地进入形式和人的时间。诗人在这里成为了向导，他试图联系牺牲的热情、所有的力量，不屈服于主客体的粗糙分裂，不被利己和责任的二元论所羁绊。诗人把一种更巧妙的辩证法带到了生活中，"我仿佛看见／在同一世界的另一方向／众人顶着烈日／而此地，星辰涌向夜幕"（叶超《献诗》）。他同时在一瞬间揭示了形式与"我"的团结。他证明了形式即"我"，"我"即形式。诗歌因此展现了个人力量的瞬间。

　　通过这种力量，诗人的"我"提醒"我们"：我们活在一个被符号标记分割的世界里；我们在一个以仪式或纪念碑来铭记的世界中生活。"我"提醒"我们"，从单调和机械的日常工作中转换过来，"写作，就像通过灵感，与自己的灵魂相遇／相逢即是一切／只需一刻／那就去他的／坐标，生活，及一切"（叶超《写作与生活（4）》）。"我"把"我们"从狭隘的因果世界中拉出来，在那里独自完成生活，并面对职权范围之外的领域和世界。"我"让"我们"在门槛前停下脚步；让"我们"带着礼物，交换问候，更新旧的契约或缔结新的契约。

巴什拉在门槛处找到了诗意的回响。因为回响进入了主体性，它作为一种振动，划破了传统的边界线，消解了主客体的区别。"我们"被这节奏所占有，随着节奏而振动，而共鸣。诗的旺盛和深度总是共鸣或回响双重的现象：共鸣分散在生活世界中的不同平面，而回响则邀请"我们"对自己的存在给予更大的深度。诗仿佛以它的旺盛，唤醒了我们新的深度。阅读诗歌时，我常常被一种能够拯救过去的、瞬间的、反复出现的声音打动。然后，我就可以迟迟地体验到那些生活的瞬间：这种感觉由于剥离了遗憾、忏悔或怀旧，所以更加引人注目。它仅仅是由锻打过的时间塑造，偶尔会在宣言中插入共鸣，结束之前插入回响。它们都源于叩响，而叩响即是能量，它在一个时间和一个空间中展开。诗歌的遐想通过节奏的运动达到共鸣与回响，这些运动深深扎根于原始的本能，同时唤醒了实际的肉体经验，或者用德勒兹的话说，是活生生的感觉。

当一首诗邀请我进入它的领地时，正如每当一件雕塑作品向观者提供它的世界，每当一座寺庙邀请信徒接近它的神龛，我的叩响就会得到呼应。每当一个慷慨的诗人创造了一个好客的地方，并邀请他的客人、他的读者、他的听众跨过门槛并参与对话时，一件艺术作品就诞生了。只要有客人聚集在它的屋檐下，只要人们还想在文字和几代人之间继续进行对话，诗歌就会持续下去。正是这样，雕塑家、诗人、画家或思想家的作品永远颂扬和重复着人类世界诞生的姿态。这种姿态把一个单纯的自然世界变成了一个栖居的地方，把一群单纯生物的并肩生活变成了一种礼物交换的、美的世界。正是这些共鸣和回响带来了存在的变化，仿佛诗歌的存在就是我的存在，"对我而言／我所追求的真理是什么／就是我／所有，行为和目的、意义的完全统一"（叶超《此时（15）》）。

诗人在回应这一呼唤，并在进入这个好客的领域时，暂停了他对物体和主体之间的差异的习惯性、日常性假设。在日常生活的世界里，我们绝对很务实地知道，一块青铜或大理石不能向我们招手或邀请我们，无论它如何艺术地模仿活人的身体特征。在这个实际的生活领域中，我们肯定知道，物质物体不能看到或听到我们，它们不能邀请或排斥我们，也不能让我们面对个人问题。在这个领域里，我们仍然相信，自然或文化对象的美和吸引力只是我们自己投射的结果。在这个领域里，诗人确信，美是不可避免的、片面的、个人的事情，它始于和止于"我"的眼睛，"我是一个孤独的行吟者/无论我接触过交往过多少人/我希望这一点永远不要变"（叶超《若干年前》）。

诗人决心改变"我"的生活，并不是从抽象或自恋的完美理想中产生的，也不是出于任何改变世界物质秩序的意志观念。它不涉及为生存而进行的琐碎斗争，也不涉及为赚取日常面包而进行的需要。它只是表达了他的决心，通过转向一个他者来改变自己的生活，从而与他的世界进入一种更真实、更深刻、更揭示的关系，"写作，就像通过灵感，与自己的灵魂相遇/相逢即是一切/只需一刻/那就去他的/坐标，生活，及一切"（叶超《写作与生活（4）》）。这最后的决心和这首诗的最后一句，道出了对"他者"的永恒渴望，这为人类世界奠定了基础。在这个范围内，一件艺术作品总是重复着人类世界创造的奇迹。它庆祝对话的诞生、礼物的交换，以及主人和客人关系的产生。这种诞生发生在母亲第一次对她的孩子微笑的时候，也发生在第一个神与凡人建立起好客和互惠关系的时候。

诗人用广泛的比喻来描述真的存在，"谁是真实之镜？谁又能照出真实的你？你为什么只想到——真实?！这个平平常常而又令人敬畏的东西"（叶超《真实之镜》）。诗人会想起蜡烛的光辉，想起低燃的油灯，想起苹果的光泽和明亮的眼睛，想起皮毛的闪光，想起太阳的刺眼光芒或天空中一颗明亮的孤星。他意识到神不是作为一个形象，或作为许多其他视觉对象中的一个，而是作为一个神秘的光源，照亮了他和他周围的世界。与其说他看到了神，不如说他看到了自己的世界在神的光中显现。他进入了一个宇宙，正是这种光辉的看重，使主与客之间、天与地之间、自我与他者之间产生了一种动态的相互作用。

诗人已经不再审视一个异己的世界，而是进入了互惠的节日世界。当他从一个无名的功能世界跨过门槛，进入诗歌世界的全部光景时，他起初不知所措，因为他发现自己成了一个热烈的探究对象。他瞬间被流向他的光亮弄瞎了眼睛，此时他必须决定是躲起来离开现场，还是挺身而出，在门槛上展示自己。他自己的存在受到了质疑，因为他被问及他从哪里来，要去哪里，要寻找什么。只要他站在"真"的揭示面前，他就无法回避这些问题。诗人站在自己的立场上。他拒绝逃离，即使他感到被从四面八方涌来的光亮所淹没。就在这时，诗像号角一样响起。

最后，在共鸣中我听到了诗，在回响中我吟诵出了自己的诗。